霞 ◎ 著

鼓浪嶼的人與往事

王元稚

厦門大学出版社 国家一级出版社
XIAMEN UNIVERSITY PRESS 全国百佳图书出版单位

图书在版编目(CIP)数据

鼓浪屿 故人与往事/詹朝霞著.—厦门:厦门大学出版社,2016.5(2019.12重印)
ISBN 978-7-5615-5932-1

Ⅰ.①鼓… Ⅱ.①詹… Ⅲ.①名人-生平事迹-厦门市 Ⅳ.①K820.857.3

中国版本图书馆 CIP 数据核字(2016)第 034820 号

出 版 人 蒋东明
责任编辑 许红兵
特约编辑 章木良
装帧设计 李夏凌
责任印制 朱 楷

出版发行 厦门大学出版社
社　　址 厦门市软件园二期望海路 39 号
邮政编码 361008
总 编 办 0592-2182177　0592-2181253(传真)
营销中心 0592-2184458　0592-2181365
网　　址 http://www.xmupress.com
邮　　箱 xmupress@126.com
印　　刷 厦门集大印刷厂

开本　787mm×1092mm　1/16
印张　19.25
插页　2
字数　225 千字
印数　7 501～9 500 册
版次　2016 年 12 月第 1 版
印次　2019 年 12 月第 4 次印刷
定价　56.00 元

厦门大学出版社
微信二维码

厦门大学出版社
微博二维码

序 言

　　2007 年秋天，我刚到厦门不久，曾得到过一部黄人编纂的《普通百科新大辞典》，因为久不使用，后来即送了朋友。这部 1911 年印出的辞书，后来影响很大。中国早期的许多现代知识，常常要从这部辞典中来印证。我印象极深的是这部辞典中即有"鼓浪屿"这个辞条，虽然只有百十来字，但能进入一部有影响的辞书，应该说它的知名度已得到社会认可。一种知识收到辞书里，通常被认为是进入稳定传播的标志。

　　朝霞新书出版，她要我写几句话，我立刻想到了前些年我对鼓浪屿的这个记忆。朝霞对鼓浪屿的历史人物有长久关注，她用心多年完成的这部关于鼓浪屿人物往事的专书，是厦门地方史研究中的重要成绩。朝霞文笔细腻，笔下常带感情，这部关于鼓浪屿历史的书，可看成一部鼓浪屿小史，也可看成一种鼓浪屿方志，更可当一本优美的散文集来读。

关注地方文史，我以为是朝霞近年来努力追求的一个学术方向，我对她的选择极为认同。近年她对鼓浪屿研究的痴迷（包括她翻译的鼓浪屿历史文献），早就为专业学术界认可。一般来说，人在青年时多钟情文学，能有自觉史学意识相当不易，有史学意识则学术成功一半。文学看起来易，实则最难，因为是极具创造性的工作，对禀赋和才华的依赖很高，在此方面能成就一点事业可说极难。世间事，凡入门易做好都极难，文学即是这样的行当。我在学校教书，每遇对文学有热情的学生，通常不加鼓励，因我当过二十几年文学编辑，见过青年时显示才华而最终一事无成的人太多。所以，我总是鼓励有文学修养的人，如果可能不如早做学术工作，特别是地方史料的搜集和研究。不是说史学不需才气，而是史学工作对才气的要求和评价不同。如果一个资质平常的人，选定好史学方向，终身努力，总会有些成绩，而文学如不能达到很高水平，则意义极为有限。

朝霞这部书，即使有缺点和不足，我相信是一部有史料有才情的地方文史书，时间会让它越来越珍贵。只要鼓浪屿在，与它有关的历史就不会消失，保存这种记忆的书就会长存。

谢　泳

2016 年 3 月 9 日于厦门

目　录

卷五　今我来思

卷尾　一个人与一座小岛

鼓浪屿人文秘境图

卷 首

鼓浪屿，一粒沙与世界的关系

1842 年 2 月 24 日，清道光二十二年的正月十五日，美国人雅裨理搭乘英国海军军舰抵达鼓浪屿。这位手捧《圣经》踏浪而来的美国归正教会传教士，是鸦片战争后第一位来华的传教士。第二天，雅裨理就在鼓浪屿街头开始了布道，听者不过英国军舰的几个水兵。没有人意识到，鼓浪屿，一个鸡犬相闻的渔耕聚落，从此与世界有了脱不了的关系。

其实，早在大航海时代，鼓浪屿就已经见识了郑成功的海上武装贸易集团与荷兰人的商船在海面上的交锋。荷兰人常居下风，荷兰商船落荒而逃的样子，也成为小岛居民"话仙"的资本。怎么着，咱也是见过世面的人。

即使在比例尺较大的世界地图上，鼓浪屿也不过一粒细沙，渺小得几乎可以忽略不计。一粒沙，怎么与世界发生关系？又能发生怎样的关系？这也许正是鼓浪屿至今让我们津津乐道，有说不完的话题的原因所在。

1

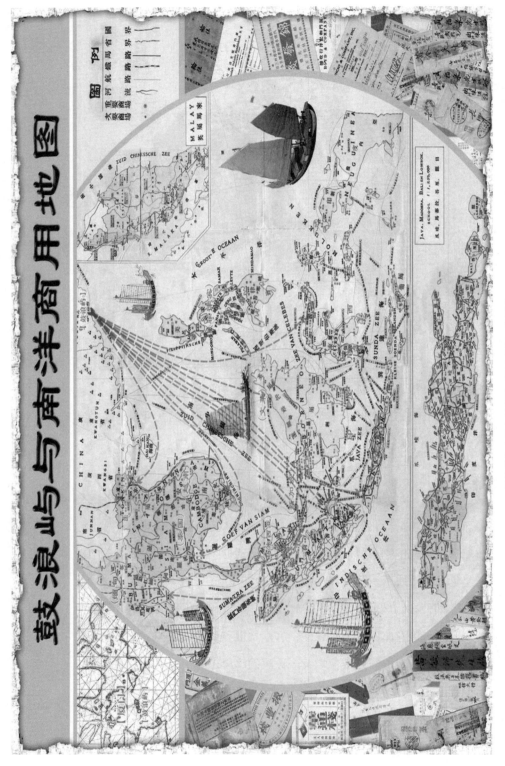

鼓浪屿与南洋商用地图（图片来源：洪明章）

　　一个患自闭症的孩子固然也能长大成人，但肯定说不上健康正常。同样，一种自我封闭的文明，几千年的自我循环演绎，终有一天会把自己绕进死胡同。1793年，乾隆皇帝以天朝物华天宝应有尽有，无须与外夷"互通有无"为由，打发走了英国访华使节马嘎尔尼。乾隆皇帝可能没有想到，他这轻轻一挥手，会让他的子孙们不断为此付出代价。既然友好的访问不能成为东西方文明友好对话的开始，那么停泊在海面上的坚船利炮总可以打开天朝紧闭的"尊口"。仅仅半个世纪后，中英鸦片战争爆发。鼓浪屿，作为五口通商口岸之一的厦门东南侧的一个弹丸小岛，不由自主地进入了西方世界的视野。

　　面对一种截然不同的文明，是逃避还是面对？是隔离还是接触？是对抗还是对话？这其实已容不得大清深思熟虑，从长计议。既然窗口已被打开，剩下的是，以什么姿态、用什么方式来对待这阵恼人的西风。

　　就像一个村姑冷不丁地撞上一个"贵人"，从此改变了自己的命运。鼓浪屿，在清朝遭遇"自古未有之变局"的大格局下，很戏剧化地成为西风东进之窗。作为一扇窗，鼓浪屿在向世界呈现自我的同时，更多的是，对不请自来的"洋人"们的观察和打量，继而学习和接受。当然冲突与矛盾也在所难免。

　　无论从地理距离还是文化距离，鼓浪屿都疏于中原而近于南洋。当身着西装革履的欧美日诸国"洋人"接踵而至，当有着罗马柱式的欧式别墅星罗棋布，当教堂的风琴声与学校的读书声响彻云天，鼓浪屿的"土著居民"——为数不多的来自周边地区的渔民或农民，始而好奇张望，继而融入其中。稍晚，清末民初，南洋华侨归来，定居或客居于鼓浪屿，与"洋人"、"土著居民"共同构成世界著名的"国际社区"（International Settlement）。实际上，鼓浪屿是一个典型的"移民社会"。

洋人与传教士，带来的不仅是鸦片与屈辱，更有学校和医院。而南洋侨客归来，则怀一腔热血，办学堂、启民智，以谋发展，以图自强。于是教会的学校与华人的学堂一时并存于这个小岛，盛时不下十数家。其中美国归正教会的寻源书院、养元小学、毓德女校，英国伦敦差会和英国长老会的英华书院、怀仁女学，是当时鼓浪屿著名的几所学校，大多由传教士创办，后又由华人接手。到了 20 世纪 20—40 年代，郑柏年、黄廷元、沈省愚、邵庆元、蔡丕杰等分别担任了中小学校的校长，华人成为鼓浪屿教育的主体。这一时期可谓是鼓浪屿教育的黄金时期：卢嘉锡、林语堂、林巧稚、马约翰、余青松、黄祯祥、李来荣、朱晓屏、陈慰中、周辨明、郑德坤、卓仁禧、王应睐、张乾二、吴沧浦、何碧辉等成就卓著、享誉世界的学者、科学家，都是这一时期的佼佼者。在笔者与洪卜仁合著的《鼓浪屿学者》中，就资料所及讲述了其中部分学者的故事。

实际上，没过多久，19 世纪末之后，鼓浪屿的国际化程度已让人惊讶。厦门荣誉市民美国人潘维廉教授在他的一篇文章《鼓浪屿征服荷兰人的心》中说，20 世纪 20 年代，鼓浪屿就以富人最密集、财富最集中而闻名世界，当时世界只知 Kuloogsu（鼓浪屿），而不知 Amoy（厦门）。

鼓浪屿的这种历史上的知名度与影响力，其实就是它作为"窗口"的价值。通过这个窗口，我们可以看到：居民的多样性与兼容性，不同文化交流碰撞所孕育出的具有教会色彩的西方文化，具有南洋色彩的华侨文化和具有闽南色彩的本土文化结合的多元文化；中西合璧的

20 世纪 20 年代鼓浪屿全景图（图片来源：白桦）

鼓浪屿黄家码头回头一顾的三个女子（图片来源：白桦）

鼓浪屿上的华人、侨民、洋人（图片来源：白桦）

教育思想所培育出的早期睁眼看世界的普通公民和走向世界的卓越人才；以钢琴为代表的西方音乐和融欧洲、南洋、闽南为一体的折衷主义建筑所构建的文化风貌；几乎与世界同步的医疗、卫生、教育、电灯、电话、自来水等公用事业；国际居住区的人文背景所衍生出的较早的公民意识与法律意识；公共地界的特定历史条件下，工部局与会审公堂所形成的民主与契约的公共管理模式等。

窗口很小，但内容丰富。我们由此无法否认，鼓浪屿作为东西方文明接触、交流、碰撞、融合的典型个案，作为中国近代史的微型缩影，作为中国现代化进程中的橱窗展示，具有不可替代的标本价值和史学价值。

我想，这也是鼓浪屿申遗价值所在吧！近日欣闻鼓浪屿已经被确定为2017年代表中国申报世界文化遗产。如何生动展示鼓浪屿独特的文化内涵与人文魅力，讲好鼓浪屿故事，是值得每一位热爱鼓浪屿的人深思力行的事情。本书若能在此方面略有贡献，则幸运而欣慰！

卷一

西方来者

平生所寄是他乡——打马字牧师

1847 年 8 月 19 日，28 岁的打马字牧师（Rev. John Van Nest Talmage）携牧师娘阿比·伍德芙（Mrs. Abby Woodruff Talmage），跟随罗啻牧师（Rev.Elihu Doty）夫妇搭乘卡罗莱号帆船由香港抵达厦门，从此开始了他在厦门一带长达 42 年的传教活动。

约翰·凡·涅斯特·打马字，一个美国人，一个似乎为中国而生的美国人。对于打马字来说，中国即意味着厦门。而厦门，即意味着鼓浪屿。

鼓浪屿的寻源书院，曾有一座"打马字纪念堂"（Talmage Memorial），是为纪念打马字而建。鼓浪屿的毓德女子学校，由马利亚姑娘（Miss Mary Elizabeth Talmage）打理；一座妇学堂，由清洁姑娘（Miss Katherine M. Talmage）照管，她们分别是打马字牧师的二女儿和大女儿。而在鼓浪屿内厝澳墓地，打马字的第一任牧师娘阿比·伍德芙就长眠于此。

夫人、两女儿，还有自己一生之最珍贵年华，都给予了一个叫鼓浪屿的地方。一个人，与一个地方，还有什么比这更深的联结吗？鼓浪屿，对于打马字来说，是胜于故乡的他乡。

1819 年 8 月 18 日，打马字诞生于美国新泽西州萨马维尔。没有人会把这个婴儿与太平洋东岸一个叫鼓浪屿的小岛联系起来。直到 1847 年夏季的那个清晨，一艘驰向东方的帆船缓缓起航。

厦门筼筜港岸边一片竹林茂盛之地，被称为"竹树脚"（今开禾路口），是打马字最早落脚的地方。打马字在此赁屋而居，也在此传

打马字牧师

（图片来源：吴志福）

打马字牧师与牧师娘阿比·伍德芙

（图片来源：《美国归正教

在厦门 1842—1951》）

打马字清洁姑娘（1853—1938）

（图片来源：《美国归正教在

厦门 1842—1951》）

打马字马利亚姑娘（1854—1932）

（图片来源：《美国归正教在

厦门 1842—1951》）

播福音。1850 年 7 月 16 日，打马字在原先民房上加盖了一层，楼下为聚会的礼拜堂，可容纳 100 人，楼上是打马字一家的居室。这便是竹树脚礼拜堂的雏形。1859 年，打马字在居所附近建了一所正规礼拜堂，10 月 30 日，举行献堂典礼，竹树脚礼拜堂正式落成。这是美国归正教会在厦门的第二座礼拜堂，打马字在这里服务了近 20 年。

1853 年，竹树脚一户叶姓人家遭小刀会洗劫一空，打马字看着叶家一家老小无处安身，就将他们接到自己家里，热情款待他们。打马字可能没有想到，他这一善举为厦门培养了第一位华人牧师叶汉章。1863 年 3 月 29 日，叶汉章被按立为竹树脚礼拜堂首任华人牧师。叶汉章全家遂成为基督教徒。对于一个不远万里，来到异国他乡陌生土地的传教士来说，没有什么比赢得一个异教徒的心更让人喜悦和激动了。

虽然打马字有足够的理由为按立第一位华人牧师而感到骄傲和自豪，但这离他传播福音的雄心还相距甚远。如何才能让更多的人听得到福音？这是打马字等来华传教士最头疼的问题。中国的老百姓连自家的圣贤书都没机会闹明白，指望他们能明白曲里拐弯的上帝的福音简直是难上青天。但这没有难倒打马字们，他们很快就找到了解决的办法。首先，打马字们先学会本地方言，也就是闽南话。进一步，他们找到闽南话的发音规律，尝试用拉丁字母连缀切音，由此创造出简单易学的闽南白话字。从 1850 年开始，打马字就与罗啻、养为霖（W. Young）等传教士一起琢磨闽南语白话字。1852 年，《唐话番字初学》出版，这是打马字等人编撰的一本白话字教科书，也是闽南语拉丁字母的正字法学习教材。打马字又主办《漳泉圣会报》（后改为《闽南圣会报》），在闽南、台湾、南洋等地的教会颇有影响。此外，打马字还参考杜嘉德 (Rev. Cartairs Douglas) 的字典，编纂了一部《厦门音字典》，并于 1894 年由来坦履牧师 (Rev. Daniel Rapalje) 出版。

固然，打马字创造闽南白话字，本意是为了传播上帝的福音。但是，有多少人，特别是以前目不识丁的妇女，因此获得阅读和书写的能力，至今，没人说得清。而闽南白话字的创造，直接导致了汉语拼音的发明。中年后即定居鼓浪屿的卢戆章，正是在与打马字、杜嘉德们密切接触、互相切磋的基础上，创制了中国第一套完整的拼音方案，被誉为现代汉语拼音的元祖。

1889 年，打马字搭乘阿拉伯号汽轮回国，这是他对厦门和鼓浪屿最后的告别。不知不觉，打马字在厦门，在鼓浪屿度过了 42 年，而他生命的总长度也不过 73 年。一生中大半部分时间，或者说是生命中最珍贵的时光，都留在这片土地，与之水乳交融，融为一体。鼓浪屿内厝澳崎仔尾的墓地，埋葬着牧师娘阿比的尸骨。他们的两个女儿，大姑娘清洁和二姑娘马利亚，分别是鼓浪屿田尾妇学堂和毓德女子学校的创办者和管理者。二姑娘还加入了厦门戒缠足会，为厦门废止缠足陋习做出了贡献。两个姑娘皆终生未婚，一直到 1949 年后才离开厦门。打马字的第二任妻子,牧师娘玛丽(Mary Eliza Talmage)于 1867 年开设"周课"，教妇女读《圣经》；1870 年，在竹树堂办女学堂。打马字家庭的每一个成员，几乎都尽己所能，在厦门和鼓浪屿的发展史上留下了不可磨灭的痕迹。1892 年，打马字在美国新泽西州包恩溪安然辞世。

因为一场战争，抑或是因为一种信仰，打马字的名字铭刻于鼓浪屿东山顶上。如今，寻源书院打马字纪念堂已迹不可寻。唯其如炬目光，如瀑长须，义无反顾的坚毅表情，在历史上将永不褪色。

1895 年，鼓浪屿东山顶上新建的"打马字纪念堂"

（图片来源：《美国归正教在厦门 1842—1951》）

莫问此处是故乡——郁约翰医生

一百多年前，一位名为郁约翰（John Abraham Otte）的美籍荷兰人于鼓浪屿阒然辞世。他因救治病人感染鼠疫而死，因此也可以说他因鼓浪屿人和厦门人而死。

一百多年后的今天，我们缅怀他，不仅因为他作为一个外国人，却为鼓浪屿人和厦门人献出了自己的生命，更因为他是近代厦门乃至闽南第一所西医医院——救世医院（Hope Hospital）和妇女医院——威赫敏娜医院（Wilhelmina Hospital）的创办者，也是第一所近代西医医学专科学校和护士专科学校的奠基者。他培养了黄大辟、陈天恩、陈伍爵、林安邦等厦门第一批西医人才。在他直接和间接的影响下，鼓浪屿医学人才辈出。后来的中国妇产科泰斗林巧稚、何碧辉，病毒学家黄祯祥，厦门第二医院院长（前身即鼓浪屿救世医院）黄祯德等医学精英莫不渊源于此。

济世救人，大爱无私，是郁约翰传于后世的精神印象。饮水思源，追慕先贤，是中国人承自于先祖的传统美德。无论时间过去了多久，岁月如何流转，在鼓浪屿和厦门这片土地上，我们没有理由不想起这位为这片土地和人民献出自己生命和心血的外国人。

1. 一只来自中国厦门的"手工提蓝"

1861年8月11日，郁约翰生于荷兰泽兰省弗利辛恩村（Vlissengen），另一说是法拉盛村（Flushing）。这个初生的婴儿怎么也不会想到以后他的生命会和一个远在万里之外，叫厦门的中国海滨城市紧密关联。

实际上，厦门，在某种意义上，将成为他心灵的家园和生命的归宿。

也许这一切早已命中注定。作为一个重新组合的基督教家庭，郁约翰的父亲与母亲都是虔诚的基督教徒。如果说父亲的宗教信仰来自祖先的血脉相承，那么母亲阿德里亚娜·贝哈克尔（Adriana Beehaker）的皈依则来自于艰辛生活的磨砺。很小的时候，阿德里亚娜的母亲就去世了，留下她与在远洋航船上当船长的父亲相依为命。有趣的是，这个出生于荷兰米德尔堡（Middelburg）的纯巴达维亚血统的小女孩收到的最珍爱的礼物，却是她的父亲从中国厦门带回给她的一只手工小提蓝。那时，她怎么会想到多年以后，她最珍爱的唯一的儿子郁约翰会把自己的生命献给这个叫厦门的城市呢？

郁约翰父母的结合是在二者都丧偶之后，而他正是这次辛苦而又幸福的婚姻的产物。虽然在此之前，他有三个异母兄弟，但最后只有他承载了父母的期望与梦想，成为他们的骄傲。

与当时大多数荷兰人一样，充满生机与活力的新生国家美利坚合众国对他们有强烈的吸引力。为了追求信仰的自由和新鲜的生活，1867年2月22日，郁约翰随父母迁居美国，定居密歇根大激流市（Grand Rapids），从此成为美籍荷兰人。郁约翰的父亲在荷兰时是一个面包师，他很快发现，在美国，面包师并不是一个可以赚钱的活儿。当了一段时间的养路工后，他成了一个裁缝。郁约翰的母亲在一家糖果店里帮忙。虽然郁约翰的童年并没有可以炫耀的物质享受，但生活幸福安定。

2. 两枚来自孤儿院的半个荷兰便士

郁约翰有三个异母兄弟，一个死于去美国的艰苦航行，另两个一到美国就各奔前程。郁约翰父母本已为此黯然神伤，而他们五岁的漂亮女儿死于一个恶劣的秋天，使他们雪上加霜。接踵而至的苦难使郁约翰的母亲几乎精神崩溃，但她意识到再也不能这样盲目生活下去，所有的希望无可选择地寄予到唯一的儿子郁约翰身上。她最大的"野心"就是希望他成为一名海外传教士，给同样迷茫的心灵送去上帝的慰藉。

可是，郁约翰却有自己的想法。16 岁的郁约翰回到荷兰，就学于霍普预科学校（Hope's Prep School）。之后，他进入了霍普大学（Hope College）。郁约翰喜欢的是科学，而不是海外传教士必修的神学和古代语言学。尽管为有负于母亲的期望而深感痛苦，他还是于 1883 年春天以科学专业毕业。同年秋天，进入密歇根大学 (University of Michigan) 学习医学。看起来，郁约翰离他母亲的期望越来越远了。

但不久，这一难题终于有了一个完满的解决方式。一个叫 Moerdyk 的博士得知这一情况，就建议他说："何不考虑成为一个医疗传教士呢？"当时很少有人知道什么是医疗传教士，但郁约翰很喜欢这个主意，因为这样既满足了自己的学科兴趣，又不辜负母亲的宗教期望，可谓两全其美。

然而，事情并没有这么简单。远涉重洋，不远万里，到一个遥远的国度传教谈何容易。虽然郁约翰为医疗传教这个新使命而激动不已，但在付诸实施的过程中却大费周折。首先经费就是个大问题。

1886 年春天，郁约翰以医学博士毕业于密歇根大学，准备远航厦门。当他作为医疗传教士出现在纽约市归正教堂委员会（RCA，The Reformed Church in the America）面前的时候，他们显得非常吃惊，对他说我们没有资金给你，也不可能提供建立一个医院的经费。巨大的失望并没有使郁约翰放弃目标。在他父亲的朋友，荷兰尼尔保赤（Neerbosh）孤儿院院长 Van't Lindenhout 先生的力促下，郁约翰到荷兰阿姆斯特丹

青年郁约翰

（图片来源：《美国归正教
在厦门 1842—1951》）

郁约翰医生娘弗朗西丝

（图片来源：《美国归正教会在
厦门 1842—1951》）

郁约翰医生与新婚妻子弗朗西丝（1887 年）

（图片来源：白桦）

大学和乌得勒支大学（Universities of Amsterdam and Utrecht）进行博士后医学研究。虽然郁约翰在医学方面已造诣颇深，但他依然缺少资金，直到在 Van't Lindenhout 先生的极力支持下，郁约翰鼓足勇气给孤儿院的小朋友发表了一次演讲。当郁约翰用并不美妙的嗓音结束演讲时，一个小姑娘走到他面前，双手握着两枚半个荷兰便士，对他说："给那些生病的中国小孩！"而这两枚半个荷兰便士是小姑娘生日前一天她叔叔送给她的生日礼物。正是这次演讲使郁约翰下定决心，从此义无反顾。

1888 年 1 月 13 日，星期五，郁约翰及妻子弗朗西丝（Frances Phelps Otte）远渡重洋到达厦门。从此他与厦门，这个他母亲童年最珍爱的礼物——"小提蓝"的生产地，不离不弃，生死相契。

3. 从小溪到鼓浪屿

虽然郁约翰因他在厦门的工作业绩而为人所知，但他来中国后的最初 8 年却是在平和小溪度过的。在这儿，郁约翰花了一年时间建了一座房子和一所医院，同时学习闽南语。1889 年 3 月 29 日，以荷兰尼尔保赤孤儿院命名的尼尔保赤医院（Neerbosch Hospital）开门接诊，第一天就有 200 多名病人就诊。郁约翰的工作应该做得相当不错，因为他很快获得小溪人的尊重，也不断获得来自故国荷兰的朋友们的资金和设备的捐赠。

在 6 年卓有成效的工作之后，1895 年 2 月 23 日，郁约翰携一家六口启程离开小溪，回美国述职及休假。初来时，只有郁约翰与妻子两人，而此时，他们已是四个孩子的父母。那天一大早，平和小溪的码头站满了送行的朋友，两支中国乐队演奏送别的曲子。郁约翰知道，

平和尼尔保赤医院（图片来源：林鸿东）

救世医院男女医馆（图片来源：白桦）

他再也离不开这片土地了。

1897 年秋，郁约翰带着休假期间募捐到的近万美元回到厦门。其间（1896 年 7 月 7 日），他已被密歇根长老会按立为牧师。

回到厦门的郁约翰开始了他的宏大计划——在鼓浪屿建立一所规模较大、体制正规的"救世医院"。这一计划一开始并没有得到鼓浪屿居民的支持，反而困难重重。尤其是外国人，担心病人会把疾病带到他们专属的国际社区而极力反对郁约翰在鼓浪屿建医院。他们通过各种途径闹到北京和华盛顿，但郁约翰始终坚持初心。他许诺医院为外国人和中国富人提供专门房间，从而缓和了矛盾。无论如何，1898 年 4 月，在鼓浪屿的河仔下，救世医院终于落成。"救世医院是一座坚固的两层楼砖结构建筑，濒水而立，海水高潮时三面临水。内设有教堂、食堂、厨房、两间仆人房、办公室、药房、透视室、四间学生房、七间病房，共有四十五张病床。"看到救世医院从无到有，设备一应俱全，郁约翰的喜悦之情跃然笔下。

1905 年，郁约翰创办救世医院妇女医院，该医院因为得到荷兰女皇威赫敏娜（Wilhemina）的资助而被命名为威赫敏娜医院。至此，医院全称为救世男女医院（Hope & Wilhemina Hospital）。

门诊病人只需付 3 分钱买一支标有号码的竹卡，就可以获得免费诊治，并且可以重复使用。住院病人只需付 5 分钱的餐费，就可在救世医院得到免费治疗；他们睡在医院提供的有席子和木竹枕头的木板床上，也有床垫提供给他们，可他们一般都不用。在这里，主要的疾病是慢性病、肿瘤、失明和那些自认为被魔鬼附体的来自农村地区的人。郁约翰大部分的时间都花在医院里。

郁约翰认为学生应该学以致用，为自己的人民服务。为此，他致

救世医院与威赫敏娜医院学生护士（图片来源：白桦）

郁约翰医生和他的中国学生（图片来源：白桦）

力于本地医学人才的培养。还在小溪的时候，郁约翰就招收陈天恩、林安邦、黄大辟、陈伍爵等 5 人为医学生。1900—1932 年，救世医院附设医学专科学校，学制 5 年。郁约翰在世时，每周花 9 个小时给学生上课。学生大部分来自于寻源中学。学习科目有物理、化学、胚胎学、组织学、生理学、解剖学、内科、外科、眼科、妇产科、小儿科、皮肤科、检验科等。学习方法是上午学生到各科见习，下午上课。医学专科学校共培养了 6 届毕业生，共 40 人。虽然要通过郁约翰的医学考试很难，但报名求学的人总是络绎不绝。学生是郁约翰的快乐与骄傲，他恨不得给他们最好的培训，以使他们更好地服务于自己的人民。郁约翰对学生影响巨大，以致有学生宁可在医院拿 15 美元的月薪而拒绝 1000 美元年薪的工作。

因为中国的妇女不肯让男医生看病，更不愿意让男医生接生，郁约翰为此创办了一个"护士之家"，目的是培训本地护士，特别是助产士，以减轻护士短缺的压力。1926 年，郁约翰逝世 16 年后，救世医院开设闽南地区首家护士专科学校，即发源于此。

在郁约翰服务厦门的 15 年中，共诊治住院病人 16000 人，门诊病人 125000 人，做了 7000 例以上的手术。另据何丙仲翻译的美国牧师 A.L.Warnshuis 所著《郁约翰生平述略》（*A Brief Sketch of the Life and Work of Dr. John A. Otte*）显示，救世医院开办的 12 年（1898—1910 年）中，共收治 17000 多名住院病人，135000 多名门诊病人，做了 7500 多例手术。潘维廉教授在其《魅力鼓浪屿》中说，1900 年，郁约翰的两座医院（男女医院）共接待病人 10200 名，治疗 1206 名住院者，施行 631 例手术，拔牙 155 颗。

4. 鼓浪屿的"乌珠球"

不必再列举统计数据了。实际上，郁约翰的慈悲与博爱、真诚与谦卑、简单与朴素、博学与智慧，又岂是几组远隔百年的枯燥数据可以衡量，可以概括，可以评价的？

郁约翰慈悲而博爱。他怀着一颗救恕之心而来，为寻找希望的灵魂带来安慰，而不只是治愈他们的身体。一个得了麻风病的原本美丽的女子，在她父亲的带领下来到郁约翰面前，郁约翰实在没有勇气告诉她无法医治；一个一支腿几乎已经腐烂的人，从偏远山村用手和膝盖爬过粗粝的山路，赶到鼓浪屿救世医院，郁约翰为他做了截肢手术，保住了他的性命；一个失明的小孤儿，因为生活不能自理，被叔叔赶出家门，在路边乞讨时听说鼓浪屿有家救世医院。追求光明的强烈愿望使他不顾一切地在崎岖而狭窄的小路上摸索，4次跋涉过深及脐部的溪流，不远不近走了14里路。在河边，他大声喊道："我要到救世医院，帮我过河吧！"好心人背他过了河，又有人替他付了过渡费。终于，小孤儿转动着失明人的眼睛，站在郁约翰面前，说："我是瞎子，你能治好我的病吗？"看着眼前的孤儿，不知郁约翰是否想起多年前那个捐给他两枚半个荷兰便士的小女孩，他一分钟也不耽搁地为小孤儿做了眼科手术。我想，重见光明的小孤儿一定很开心吧。

这些，就是郁约翰每天所要面对的。正如他自己所记录的那样："各阶层的人都来，富人、乞丐、清高的学者、官吏大员，还有目不识丁的、处于社会底层的苦力工……"济世救人，一视同仁，没有一颗慈悲博爱的心，是做不到这一点的。

郁约翰真诚而谦卑。即使是一个乞丐，他也会跪下来，为他的康

郁约翰医生（1861—1910）

（图片来源：白桦）

救世医院的男病人（左边三位是医院护工）（图片来源：白桦）

复祷告。任何一个帮助过他的人,无论富贵还是贫贱,他都同样珍惜。他经常亲自写信感谢那些对医院有贡献的人,向他们报告他的工作情况并致以谢意。他时常利用春节的假期到病人家家访。穿过阴暗潮湿狭窄的走廊,走进同样阴暗狭小的房间里,他看到几个躺在床铺上吸鸦片的病人,他们无助的表情与麻木的眼神深深地刺痛着郁约翰的心。他没有止于怜悯与悲叹,而是利用自己在教会中的一席之地,发起清除鸦片、吗啡和禁种罂粟运动。一名当地的官员提供了一处鸦片戒毒所。从 1891 年 7 月到 1892 年 7 月,郁约翰成功治疗了 66 名瘾君子,许多戒毒成功的人还带着毒友回来接受戒毒治疗。

郁约翰博学而智慧。很少有人像他一样,在几个领域内游刃有余。他不仅是个医学博士和传教士,还是一个杰出的建筑师和木匠。他在密歇根大学期间利用暑假所学到的木工和建筑技术到了厦门有了用武之地。因为找不到能干的本地木匠,郁约翰干脆自己动手做家具。为了确保万无一失,他亲自为救世医院盖屋顶。他还是平和小溪医院和鼓浪屿救世男女医院的设计者和建造者。他的建筑设计远不止于鼓浪屿,在漳州、泉州、龙岩一带,都留下了他设计的教堂和别墅。鼓浪屿的八卦楼和厦门的同文书院更使他声名远播。通过设计所得的收入,悉数用作医院的建设和运行费用。不仅于此,他还自己动手为救世医院设计了一台风力洗涤器。郁约翰去世前,还为救世医院在邻近的山冈上建造了一个混凝土的贮水池,与之相配的,还有新机器、新水泵、新凿的井,为大量用水的救世医院提供了纯净水。据说郁约翰在摄影方面造诣也颇高,为百年前的鼓浪屿、厦门及周边地区留下了许多珍贵的图像。

郁约翰简单而朴素。他专注于他的工作,而不及其余。虽然他也担任一定的行政职务，但他不愿意介入任何政治与经济的纠纷，除非与他的医疗传教工作有关。他出任卫生监督员，为的是有效地提高鼓浪屿的公共卫生水平，并且成绩显著。他尊重中国人。像大多数中国人那样，郁约翰出门靠步行，而不像教会中有些人那样坐轿子。每当有人赞扬他时，郁约翰总是感到羞涩和窘迫。

他与鼓浪屿人结下了深厚的友谊。实际上，他与这片土地及其上的居民已融为一体。1907年2月的一天，郁约翰在清洗医用毯子时，风力洗涤器发生故障，他在修理时差点切断了大拇指。一个有钱人知道此事后，承诺要承担救世医院一年的费用。而穷人则非常乐意为医院付出时间和体力，去干一些重体力活。另一次，一个郁约翰曾经的病人经过他的房子时，发现房子着了火，他毫不犹豫地冲进房间把火光熊熊的煤油炉子从窗口扔出去，赤手空拳地救出了郁约翰的一个孩子。

1908年6月，郁约翰出发回美国开始他最后一次休假，他的学生为了表感激之情，送给他330美元和价值500美元的丝绸。其中210美元是一个学生的金表、银子、黄金、珍珠、翡翠的价值，而丝绸是他们聊表心意的礼物。事实表明，郁约翰已成为中国人的一分子，而这些人就像他的家人一样亲切和亲密。他不愿意人们叫他郁约翰牧师，而宁可简单地叫他郁约翰或"乌珠埭"。"乌珠埭"是郁约翰给自己取的中文名字。在鼓浪屿人口中，"乌珠埭"成了对郁约翰的爱称与敬称。

正如 Tom Dekker 在郁约翰的传记《一个伟大的小人物》（*A Big Little Man*）中说："即使不服务于教会，我想郁约翰还会愿意留在中国生活。"他被上帝召唤而来，而这里也是他最后的归宿。

郁约翰夫妇与孩子们（图片来源：张晓良）

郁约翰医生一家和保姆

（图片来源：《美国归正教在厦门 1842—1951》）

5. 并非完美的人

关于郁约翰，尽管留下了很多照片和资料，但要还原一个真实的郁约翰并非易事。他当然不是完美无缺的。虽然照片中的郁约翰目光坚定，表情坚毅，但他绝非一个伟岸的人。Tom Dekker 说他身材矮小，并且因为小时候连续遭受三次疾病的袭击而伤了嗓子，所以郁约翰没有悦耳的嗓音；他的脾气有点暴躁，这可能与他长期和家庭分离有关。妻子和孩子都不在身边，每天面对的除了病人就是疾病，虽然郁约翰乐此不疲，矢志不渝，但他不是神而是人。教徒的克制与凡人的欲望使他身负沉重的十字架，有时候情绪失控也是在所难免的。

6. 不能忘却的纪念

1910 年 4 月 6 日，郁约翰被请去为一个厦门的病人看病，他立即确诊病人患了可怕的瘟疫——鼠疫。虽然他采取了正确的措施，但自己却不幸感染。之后几天，他依然坚持到救世医院上班。4 月 11 日傍晚，他满身疲惫地回到家里，发冷发热。4 月 12 日，他浑身疼痛。4 月 13 日，他终于承认自己生病了。4 月 14 日，鼠疫病状已明白无误。可是免疫血清没有了，郁约翰没有放弃求生的希望，他全力与医生配合，尝试各种治疗方法，但一切都无济于事了。4 月 14 日晚 9 时 30 分，郁约翰在鼓浪屿停止了呼吸。

临终前，他没有一声抱怨，只担心不要再让别的人感染，而他最后的遗言是用闽南话说的。对于远在美国独立持家的妻子弗兰西丝和孩子们的担忧，对于救世医院未来发展的关怀，是郁约翰最后的人间牵挂。

郁约翰医生之墓（图片来源：白桦）

郁约翰纪念堂及纪念塔（图片来源：白桦）

按照郁约翰的遗愿，4月15日凌晨1时，他被葬于鼓浪屿传教士墓地。1910年4月15日，星期五，下午6时，郁约翰的葬礼在鼓浪屿的伦敦公会教堂举行。将近1000名鼓浪屿人、厦门人及外国人参加了葬礼。

在救世医院的两座医疗大楼之间，一座郁约翰的纪念碑伫立在行政楼前。这是他的中国学生为了纪念他们的恩师而捐赠的。纪念碑四面分别用中文、英文、荷兰文和拉丁文书写他的生平与功绩。医院的入口处，还有一块学生们捐献的纪念牌，分别用中文与英文记录郁约翰的艰辛创业与卓越成就。

现在，鼓浪屿成了郁约翰永久的故乡。他长眠于此，当无怨无悔！

百年之后，我们纪念郁约翰，是因为他是一个博爱慈悲的人，是一个大爱无私的人，是一个真诚谦卑的人。这种爱超越宗教和国界，超越地域与种族，虽千万年不朽，虽几万里不远。切近而温暖，就像在我们身边。

鸡母山上的落日——安理纯夫妇

鼓浪屿鸡山路是一条僻静小路，起伏有致，人迹罕至。北美风格的殷承宗旧居立于高处，在晨晖夕阳中，简洁的轮廓勾勒优雅的姿态，厚实的石墙传达温暖的存在。往下，朝着海边的方向，走到鸡山路18号，透过古铜色的欧式铁艺卷花大门，就能看到安献楼巍然屹立于蓝天之下，海风之中，碧波之上。

安献楼高三层，通体花岗岩石砌，高大宽阔，庄严肃穆。须上高高的台阶，方入宽宽的走廊。廊柱直立，无雕无饰，撑起高阔的空间，让人肃然起敬。

更让人肃然起敬的，是安献楼的创建者、管理者与捐献者，美国安息会传教士安理纯（B.L. Anderson）夫妇。

他们生于丹麦，长于美国，却在中国一个叫鼓浪屿的小岛上传播他们的信仰，贡献他们的灵智，演奏他们生命中最华彩的乐章。

一切源于信仰。1906年3月，安理纯夫妇跋涉重洋，来到中国东南沿海这个荒芜小岛。没有信徒，没有房子，也没有钱，只有传播福音的热情和渴望。

一切从头开始。起初，他们租乌埭中民房（现泉州路81号），创办了一所神道学校（育粹小学——美华三育研究社前身）。1908年，安理纯牧师贡献自己多年的积蓄，逐步购买了鼓浪屿五个牌（现鼓浪别墅）海边大片土地，开山取石，建设校舍、职工宿舍及礼拜堂，1911年建成。神道学校迁入，即后来的"美华中学"。安理纯牧师担任校长。

安理纯牧师夫妇（图片来源：洪声文）

所有的事业都是艰辛的。安牧师夫妇在五个牌建了一个奶牛场，饲养数十头荷兰奶牛，向鼓浪屿的洋人和有钱人供给牛奶。为了防止送奶人在奶中掺水以中饱私囊，为客户提供清洁、安全、高品质的牛奶，安牧师娘不得不每天早上三点钟起来，亲自到奶牛场监督挤奶、消毒、装瓶、加盖等工作。在山下奶牛洗澡的池塘中，安牧师娘遍植荷花。花与果，都能为教会增加收入，虽然微不足道，但集腋成裘，为她的理想添砖加瓦。安牧师娘善女红，她亲自教导妇女与女生刺绣，制作精美的花边桌布与枕头，销往美国，积攒的利润用作教育基金。

资金就这样一分一厘地积累，财富就这样一点一滴地增加。长年的积累只是为了实现安牧师娘一直以来的秘密心愿——建一所女子学校，让女孩子也有受教育的机会。1928 年，安牧师娘得到丈夫支持，在鸡山之上动工盖起一幢三层楼房。开山取石，砌石为墙，条石相呈，青瓦相加，一砖一瓦都由美华中学的师生们在安理纯夫妇的带领下亲手加盖。1934 年，楼房落成，这就是安献楼。美华中学女校也由此诞生。

男校于山下，女校于山上，美华学校从此可谓完备，安理纯夫妇所倡导的灵智体均衡发展，手心脑并用教育理念得到了深入实践。当时学生主要来自闽南农村，大都家境贫寒。办学所需与教师工资皆来自自办之事业，而学生可以通过半工半读来获得自己受教育的必须之费。所以美华学校的男女学生们课余都要勤工俭学，男生多半在养牛场干活，女生有的参加刺绣。这对他们可谓终身受益，许多学业有成的学生后来回忆起美华时期的生活，无不心怀感恩。

安理纯夫妇对学生既严格又慈祥。他们自己吃苦耐劳，不畏艰辛，也要求学生们自己动手，改变命运。美华女中的女生，更是对安理纯夫妇感戴不已。当时女校建校不久，各方面都还不完备，女孩子们打

安献堂正立面（网络图片）

鸡山路 3 号主楼（图片来源：詹朝霞）

水要到大井，有点危险。安牧师娘就安排高年级男生为女生打水，不久就装了水泵。安牧师夫妇还经常做丹麦汤给女学生们吃，又用牛奶场的脱脂牛奶做稀饭。女生们的饮食如此，一个个自然出落得落落大方，亭亭玉立了。

如果不是抗战爆发，安理纯夫妇在鼓浪屿的教育事业本可以发扬光大。但一切的改变都无法避免，安理纯夫妇被迫分离。安牧师娘被关在香港一个集中营里，饥饿、恐慌、孤独，牵挂着安牧师的生死安危，身心备受摧残，极度衰弱。安牧师从汕头逃回鼓浪屿，被日本兵关在鸡山路 3 号的房子里。虽然一举一动都受到日本人的严密监视，所幸安牧师尚未受到皮肉之苦。直到 1945 年，安牧师娘作为第一批交换战俘，回到美国，与久别的丈夫重逢。此时，他们都已是年逾 70 的老人了。

按常人的想象，安理纯夫妇这下该过上无忧无虑的晚年生活了，但事实却很残酷。安理纯夫妇历尽艰辛，节衣缩食，创造了不少财富，但全都奉献给了他们的信仰，自己没有分文积蓄，晚年一无所有，凄惨不堪。他们旅居美国的中国学生林德泉先生，收留了两位老人。1958 年，90 岁的安牧师娘先走一步。4 年后的 1962 年，已经完全目不辨人的安理纯牧师也相继而去。这年是他到这个世界的第 90 个年头。是否相约，来生再继?

足球自始满英华——洪显理痕迹

1904 年，洪显理（Henry J.P. Anderson）受英国长老会派遣来到英华书院，与英华书院首任主理英国人金禧甫、华人郑柏年共同创办英华书院。1917 年，金禧甫退休回英国。此前，1915 年，洪显理接替金禧甫，任英华书院第二任主理，直到 1928 年郑柏年任英华中学校长。这位在鼓浪屿以"矮子洪"的绰号著称的苏格兰人，据说是苏格兰贵族，在英华一干就是 20 多年，是英华校史上绕不开的名字。

在英华书院的讲台上，洪显理是一个英文老师；在足球场上，则是领队和教练。1910 年，他率英华足球队赴泉州与培源书院打友谊赛。从此一发不可收拾，他带领的"英华足球队"远征汕头、福州等地，每每大胜而归，成为当时牛气冲天的学生足球队。20 世纪 20 年代，考古学家、剑桥大学教授、郑柏华的公子郑德坤读燕京大学时，就曾作为华北足球队中坚，与当时有中国"球王"之称的李惠堂的华东足球队打过比赛。足球，显然已成为英华的骄傲与象征。

被鼓浪屿人背地里称作"矮子洪"，不知洪显理是否知道，是否介意。反正他我行我素，雷厉风行，不怕得罪人。喜欢他的人，对他心怀感激，以礼相待；讨厌他的人，说他横行霸道，是"凌驾于中国人民头上的帝国主义走狗"。无论如何，洪显理是一个色彩鲜明的人。

有一个跟洪显理关系很密切的学生，叫黄省堂。黄省堂在他的推荐下进了鼓浪屿工部局做秘书，后来做到华董。洪显理是黄省堂家的常客，他"身材瘦瘦的，常穿一件 T 恤衫，带一把折扇"。多年后，黄省堂的儿子黄呤军先生还记得洪显理当年的样子。关于洪显理，黄

英华足球队获 1930 年全厦足球公开比赛锦标纪念

（前排左一为洪显理）　（图片来源：白桦）

鼓浪屿的轿子（图片来源：白桦）

吟军还讲了个小故事：有一天，洪显理打电话找黄省堂，是他五姐接的电话，一听电话里一声"Hello"，她就叫起来："阿爸——番仔！番仔！……"洪显理下次到黄省堂家，特地把五姐叫来吩咐说："那些未曾开化的土著才叫番仔，我们是已经开化的，不能叫番仔！"他们都觉得洪显理蛮随和的。

既然得了"矮子洪"的绰号，说明洪显理个子不高。可他总是挂着拐杖，坐着三人抬的轿子，在鼓浪屿的大街小巷"神气活现"，"趾高气扬"。据说他脾气又火爆，对他要推行的事物，铁腕出击毫不留情。1915年，洪显理担任英华书院主理后，为了尽快将扩建工程付诸实施，对不肯按价出让搬迁的"钉子户"，鼓动学生扔石头、砖瓦，迫使那户孤零零的"钉子户"不得不把房屋卖给英华书院。洪显理此举自然得罪鼓浪屿人不轻，没少为他招来骂名。1932年，洪显理担任鼓浪屿工部局领袖董事期间，大力推行卫生改良，要求按时收集粪便垃圾，为此而不惜重罚不守规则者。每年受罚人数有一二千之多。如此，洪显理不招人恨才怪。但从此鼓浪屿蚊蝇绝迹、瘟疫无踪，却也是鼓浪屿人不得不承认的事实。

洪显理好吃好住好享受，家里园丁、花工、厨子、轿工一应俱全。洪显理坐轿子平时2人，上坡时3人，在鼓浪屿很是惹眼。惠安人钟玛送，1911年被人介绍到洪显理家当轿工，当时18岁。洪显理看钟玛送老实勤快，就让他改行当花工，以后又提拔他当大厨。钟玛送的拿手好菜是"无骨鸡"，还在黄奕住母亲千人寿宴上大露了一手，是当时鼓浪屿一等一的西餐大厨。在钟玛送做工之余，洪显理和夫人一有空就教他罗马白话字。他在洪显理家前后工作18年，后来因为得了肠炎才向洪显理请辞，洪显理赠给钟玛送1000银圆的养老金。钟玛送用这笔钱，在内厝澳 40 号（现 179 号）买了幢楼，开了家小杂货店，代售邮票。这就是以后闻名鼓浪屿的内厝澳 13 号站，而钟玛送也被人亲切地称作"玛送伯"。提起洪显理，钟玛送的儿女至今还很感戴。人在一起久了，总会有感情的。

好吃好住好享受的洪显理怎么也不会想到，他会死得如此狼狈和悲惨。1941 年 12 月 8 日珍珠港事件爆发，日本与英国撕破脸，作为鼓浪屿头号英国人的洪显理，第一个被日本人抓进了集中营。平时养尊处优惯了，洪显理哪经得起折腾，没两天就死在日本人的集中营里。多亏他的两个学生——黄省堂和王世铨，冒着生命危险潜入集中营，把他的尸体偷运出来，葬在黄省堂家的墓地。二次大战结束后，英国军舰来厦访问，找到黄省堂，洪显理的遗体才得以安葬故乡苏格兰。

洪显理不知生于何时，却在异国他乡地的小岛鼓浪屿度过了 37 个年华。有人怀念他，有人讨厌他，对他来说，这早已不重要。重要的是，他的生命曾在此留下痕迹，多年以后，还有人提起。

一经寻源三十载——毕腓力趣事

毕腓力（Rev. Philip Wilson Pitcher）是一位美籍牧师，但他的主要身份是鼓浪屿寻源堂（Sim Goan Tiong，即后来的寻源中学）的主理。寻源堂在鼓浪屿存在了44年（1881—1925年），而毕腓力自1887年接任栗山大牧师，至1916年病逝，任寻源堂主理将近30年之久。可以说，寻源堂是毕腓力在中国的事业与寄托，家园和归宿。

1881年，英国长老会与美国归正教会在鼓浪屿田仔学（现安海路5—7号地块）共同创办寻源堂。"寻真理之奥，启智慧之源"，是为寻源。1895年，美国归正教会、英国长老会为纪念打马字牧师在厦传教40年，在鼓浪屿东山顶上（现鼓浪屿音乐学校）建"打马字纪念堂"，用作寻源堂校舍。1914年更名为"寻源中学"。林语堂大约于1905年以后在寻源堂就读，寻源堂也因为培养出一批杰出人才，而在鼓浪屿教育史上留下抹不去的华彩一笔。

多年以后，毕腓力的学生庄克昌先生(已逝世)，在其著作《感旧录》里，回想起他们的毕腓力主理，却是几朵花絮，一片深情。

1. "古董毕"

毕腓力身材短小精悍，又经常神气活现，好像一个古老的花瓶。但他办起事来却古板认真，一丝不苟，处理校务，事无巨细，事必躬亲，凡事不干到底，决不罢休，于是得了个"古董毕"的雅号。

一个星期六的中午，轮到庄克昌敲钟。午炮已响，过了三秒钟寻源书院的校钟才敲响。毕腓力主理立即从他的住宅跑过来，用手指着

毕腓力牧师

（Rev. Philip Wilson Pitcher）

（图片来源：《美国归正教

在厦门 1842—1951》）

毕腓力牧师娘

（Rev. Anna F.Merritt Pitcher）

（图片来源：《美国归正教

在厦门 1842—1951》）

1894 年寻源书院全体师生（居中坐者为毕腓力）

（图片来源：《美国归正教在厦门 1842—1951》）

庄克昌，来势汹汹。庄克昌见大势不好，赶紧弃钟槌逃之夭夭。

又一个夏天，庄克昌和同学们在寻源书院榕树下乘凉。他们一个个正赤着胳膊，撩起裤管，天南海北，说天谈地，聊得兴高采烈，不亦乐乎。不想毕腓力手提一根长竹竿，从后花园追过来，大喊一声："打生番啊！"庄克昌们回头一看，吓得大惊失色，各自抱头作鸟兽散。

"古董毕"之古板严正，认真不苟，由此可见一斑。

2. "岐西"风波

"古董毕"有一个特异功能，学生的姓名他不看则已，一看必终生不忘。这本来是个优点，但这个优点却"害"得庄克昌不轻。

问题就出在庄克昌的名字上。原来庄克昌其名与寻源堂一位老师的父亲同名。该老师上课点到庄克昌名字时，难免有点不爽。这也难怪，按我们中国的传统风俗，这多少是有点忌讳的。于是在卢铸英校长的耳提面命下，经国文老师几番斟酌，庄克昌改名"岐西"。

这名字一改，真是几家欢乐几家愁。这老师是高兴了，但却惹恼了毕主理。隔天朝会时，毕主理一眼发现点名簿上赫然有"岐西"之名，立即叫起庄同学，厉声责问道："你为什么岐西，岐西——怎能岐西——你——你——以后你要知道！"毕主理气得呼呼直喘，摸着胡子，摇头瞪眼："这真是好羞耻的事啊！"

庄同学平白受了这顿责骂奚落，一时犹如晴天霹雳，颜面扫地，却无可奈何。但这还没完，散会后，庄同学在走廊上被毕主理逮住，又被狠狠地教训了一顿："你犯什么罪？你是囚犯吗？在美国逃犯才改名，你，怎么岐西！岐西！"没有办法，卢铸英校长只好亲自出面跟毕主理解释。毕主理依然义愤难平，百思不得其解，以为外国人父

1881 年创办的寻源堂

（图片来源：《美国归正教在厦门 1842—1951》）

子可以同名，为什么中国就避讳到这种地步？

以后再点庄同学的名，毕主理仍然要停顿一分钟，外带再瞪一眼。

3."禁烟令"的毁灭

寻源堂严禁学生抽烟，违者记过一次，罚款若干。这条禁令苦了学生们那是活该，可最大的受害者却是毕主理本人。原来毕主理吸雪茄上瘾，但他决不当着学生们的面吸。他经常告诫学生们不许吸烟，以"救自己"。久而久之，"救自己"成了毕主理的口头禅。

一次偶然事件，使毕主理的禁烟令几乎毁于一旦。

事情是这样的。有一次，庄同学不敲门就登堂入室，直接进到毕主理的房间。毕主理正躺在床上吞云吐雾，优哉乐哉，一见不速之客进来，立马坐直了身子，慌忙中把燃着的雪茄藏在裤兜里，脸上强作镇静跟庄同学应付。可是突然毕主理拍着屁股跳了起来。原来是雪茄烟头未灭，不仅毕主理的裤兜遭了殃，连屁股也遭鱼池之殃。

毕主理当时情形之难堪可想而知，但他却不慌不忙对庄同学说，他只在房间里吸烟，跟禁止学生吸烟的规定不相矛盾，庄同学闻言只有颔首一笑了之。但从此之后，寻源堂的禁烟令就慢慢松懈下来，调皮的学生们还在地窖密室中私下开了间"吸烟室"。

4.夜宵的绝招

毕主理治校甚严，不准寄宿生们夜间出去买夜宵。他的办公室设在楼梯口，学生们进出都逃不过他的眼睛。

学生们上完晚自习后，大都饥肠辘辘，却又慑于毕主理之威，不敢轻举妄动。这并没有难倒聪明的学生们，所谓上有政策，下有对策。

他们先派一个同学借故外出，买好夜宵后，向楼上的同学打个暗号，楼上同学就用绳子吊一只竹篮下来，神不知鬼不觉地将夜宵提上去。那个借故外出的同学嘛，则双手插裤兜里，若无其事大摇大摆地从毕主理面前走上楼去。

从以上这几则小故事来看，毕主理与他的学生们斗智斗勇时，往往是"失败者"一方，但这也正是让人想起他的地方。实际上，毕主理在寻源堂学生们心中有着不可取代的位置。

一个美国牧师，在一个中国的小岛上，倾心于一所学校的创办与发展，直到1916年夏季，逝于福州鼓岭。而他为了把寻源堂（当时相当于大学预科）扩展为文理学院，而积极向美国募捐几十万美元，打算收购东山顶上附近百余亩园地扩建校舍，也终成遗愿。呜呼，壮志未酬，斯人已逝，毕腓力享年62岁，安眠于鼓浪屿内厝澳崎仔尾传教士公墓。

寻源书院，三千弟子，莫不惋惜哀恸。庄克昌谓其有"望之俨然，即之也温，听其言也厉"的先圣风度。

他著有 *In and About Amoy*（《厦门近览》）一书，至今仍有人捧读在手，在他的文字中遥想百年前的鼓浪屿。

工部局长的"风光"——"番客"巴士凯

时隔七八十年的今天，提起巴士凯，即使久居鼓浪屿的居民也会一脸茫然。但是，若是 70 多年前，巴士凯的名字在鼓浪屿应该家喻户晓。原因很简单，因为他曾是鼓浪屿工部局的一任局长，涉及鼓浪屿日常生活的各种布告公示都少不了巴士凯的签名。

这个旅居鼓浪屿的英国人，在鼓浪屿日子过得如何？我们只要从几件事情上，就可以看出他的生活还是蛮惬意的。

1. 巴士凯的薪水

起初，巴士凯为鼓浪屿工部局之巡捕长，薪水之高已达到让人愤而抗议的地步。1925 年 10 月 8 日《华侨日报》报道了鼓浪屿华人议事会议员庄静波针对巴士凯薪水问题的谈话："华人议员庄静波，深为不满。时特对记者发表怒斥之谈话。据云，减税减薪，在纳税者未请愿以前，本人即向华议会提议。盖有鉴于市民负担过重，而工部局长巡捕长巴氏领薪过多。今苏氏（即鼓浪屿工部局董事会主席英人苏为霖）所称，全为巴氏辩护，令人不平。巴氏薪俸每月系一千元，实领九百元。当余一百元交银行储蓄，并由工部局再出一百元，亦用巴氏名义储存。候退职时一并取出，是巴氏月薪达一千一百元之多。谓为九百元，实谓掩饰之词。"

1100 元的月薪，今天听起来不是太多而是太少，但当时币值与今日币值自然不可同日而语，须知当时一个普通人家一个月的生活费几十元就差不多过得去了。相形之下，巴士凯拿的绝对是高薪了。如果再加上一些福利，那么巴士凯遭到攻击就不足为奇了。我们只要接

1938 年巴士凯与鼓浪屿国际救济会成员（立者左一为巴士凯）

（图片来源：林世岩）

着再看一下华人议员庄静波的不平之词，就能了解其中大概："至谓巴氏住宅租金，应由工部局支付，系属定例。然试问历任工部局巡捕长所享住宅租金，是否为巴氏之巨？巴氏夫妇两人，每月租金达一百四十元之多，有无滥用公币？不言而喻，苏谓如月薪不足养廉，贪污之事，在所难免，然历任巡捕长之月俸，只五六百元。即英领月薪，亦仅七八百元，日领仅五百元，固未闻不足养廉，岂彼等地位及生活程度不如巴氏乎？"

如此看来，巴士凯不仅薪水高，福利也不错。难怪让人愤怒，惹人攻击，华人议员就更是不平则鸣了。

2. 巴士凯的假期

巴士凯身为鼓浪屿工部局局长，他的一举一动自然受到关注。1932 年 4 月 10 日的《江声报》报道了巴士凯回国休假的消息："鼓浪屿工部局长巴士凯系英国人，昨（九）下午三时乘芝巴德轮往香港，转道日本国。据闻此行系游历性质，期以六个月即可回厦。至其职务由英人力牧师暂代，盖力系该局洋董之一云。"假期一休半年，探亲加游历，巴士凯好不惬意。

但是更爽的还在后面呢。1936 年 4 月巴士凯又一次休假。1936 年 4 月 18 日的《江声报》照例予以了报道。"鼓浪屿工部局长巴士凯，例假回国休养。于昨乘荷轮"芝利加拿"起程，假期六个月。职务由力戈登代理。此行由沪往菲律宾，转往美国考察。然后回英。工部局董事会津贴旅费四千五百元。假期六个月薪俸公费约千数百元照给。代理其职务之英国牧师力戈登，每日到局办公两小时，月俸三百元。"带薪休长假，巨额出差补贴，巴士凯在鼓浪屿的日子能不好过吗？

卷二

宁有故人

一蓑烟雨任平生——革命者林祖密

从八卦楼出来，顺鼓新路而下，就走到鼓新路 67 号了。但是即使是长住鼓浪屿的人，也不太会注意到这个镶嵌在破墙荒草上的门牌号。只有略怀好奇的人会驻足下来，读那块近在眼前的碑文——"林祖密将军故居"。环顾周围，楼宇已废，庭院荒芜，杂草其间，乃昔日"宫保第"是也！亦即，林祖密将军故居是也。

"宫保第"者，由"红楼"和"乌楼"两处楼房组成。而今"红楼"已不复存在，徒余"乌楼"于夕阳晚风中风烛残年。而"宫保第"之主人，林祖密将军则更少为人所知。

林祖密者，何许人也？知者谓其台湾爱国之志士；不知者，不知其名也。正如台湾另一位著名爱国人士邱念台所说："革命不难，舍富贵而革命为难；舍富贵而革命不难，能审国族辨忠节，而舍富贵以革命为尤难。台湾林祖密者，盖能此尤难者也。"

1. 生于富贵

1878 年 4 月 14 日，林祖密生于台中雾峰林家。雾峰林家与台北板桥林家南北相应，遂在台湾有"陈林半天下"之说。与贾宝玉不同，林祖密虽生于富贵，却并未沉湎于温柔之乡。

雾峰林家，其先祖林石，于清乾隆十九年（1754 年）移居台湾彰化，乾隆二十七年（1762 年）再迁阿罩雾庄（今台中雾峰）。祖密祖父林文察，因平定八卦会之乱有功，林家得赏大片山林、土地，借以经营樟脑，遂成台湾中部首富。林文察官至福建陆路提督，漳州战太平天

青年林祖密

（图片来源：邵铭煌《探索林祖密》）

林祖密父亲林朝栋　　　　　林祖密母亲杨水萍老年时照片

（图片来源：邵铭煌《探索林祖密》）

国殉职，受封"太子少保"。父林朝栋，世袭骑都尉。因抗击侵台法军、开拓台湾有功，钦加二品顶戴，赐穿黄马褂，统领全台营务。乙未（1895年）台湾割让日本，林朝栋初留台中、新竹抗日，后率族人内渡大陆，1904 年逝世于上海。林祖密之母杨水萍，因率六千乡丁助夫击破入侵大屯山区的法军，封一品夫人。

林祖密为朝栋之第三子，谱名资铿，字季商，号式周，亦作石周，初以字行。1913 年归籍后，改名祖密。林祖密出生于如此显赫威武之家，其雄姿英发、忠烈刚义，其民族大义、爱国情结，当血脉相传，承继有因。

2. 脱离日籍

举凡爱国者，无不以反抗外族压迫为己任。林祖密脱离日籍，就是其时反抗日本压迫的重要爱国行动。

中日甲午战争后，台湾陷日，林朝栋不遗余力支持台胞的抗日复土运动，不久举家内渡大陆，居鼓浪屿。林朝栋率族人内渡后不久，令祖密回台治理庞大产业。祖密返台之后，亲见日人横暴，欺凌台胞，愤慨不已，祖密遂思脱籍。1904 年，父亲林朝栋病逝后，祖密返回厦门。

祖密返厦后，念念不忘脱籍之事。经多年艰苦周旋，终于 1913 年春，经向日本驻厦门领事团申请撤销日本国籍，同年 11 月 18 日获中华民国内务部许可，依中华民国国籍法及施行细则核准获得中华民国国籍，归籍执照号码是许字第一号。自乙未台湾割日以后，台湾土民内渡者中，正式取得中华民国国籍者，当以林祖密为第一人，林氏一门常以此为豪。是年，祖密 36 岁。

祖密自从改籍后，居漳州、厦门与鼓浪屿等处，名字由原名资铿易名祖密。林祖密之名始于此时也。

3. 激于革命

想当年林祖密居于鼓浪屿，起居于英式的"乌楼"，聚友于清水的"红楼"，侍奉于母亲膝下，应酬于宾客之中，大可以两耳不闻窗外事，一心只图家族富贵。可是林祖密却于富贵之时，毅然选择了一条救国救民的革命之路，直至献出自己的身家性命亦在所不惜。

林祖密起而革命，乃始于辛亥革命胜利之后、民国建立之初。其时，国是纷扰，清浊不辨。林祖密并不是一开始就积极响应孙中山之革命，以至孙中山慕名前来造访，请他参加革命，林祖密仍持审慎态度，未即追随。及至袁世凯称帝，背叛共和，林祖密乃愤然拍案而起，慷慨激言："篡国殃民，弃义行诈，国将不国，更何有台？"遂奋起追随孙中山先生，参加中华革命党。

1916 年，祖密召集漳泉有志之士，如张贞、叶定国、卢兴邦、陈国辉等人，聚集于鼓浪屿"宫保第"寓所，谋立革命军事秘密机构。后又收编闽南之靖国、护法两派军队，建立起一支革命军，参加讨袁护法战争，并变卖在台湾之田产，由其五弟瑞腾先后汇寄数十万两，接济军需。

1917 年 7 月，孙中山先生倡导护法运动于广州，国会议员召开非常会议，商组军政府。9 月，广州国会非常会议推举孙中山先生为军政府海陆军大元帅，祖密在闽南漳州响应。

1918 年 1 月 7 日，大元帅府通过参议宋渊源之建议，由孙中山先生正式委任祖密为闽南军司令。任命状："任林祖密为闽南军司令。此状。中华民国海陆军大元帅孙文。"他受任后即部署赵光、王荣光

林祖密在鼓浪屿宫保第住宅留影
（图片来源：邵铭煌《探索林祖密》）

林祖密任闽南军司令时戎装照
（图片来源：邵铭煌《探索林祖密》）

分别在德化、永春两县起义，继而转战闽中，收复莆田、仙游、永安、大田等 7 县，沉重打击北洋军阀李厚基部，使粤军司令陈炯明得以进军汀漳。鉴于当时闽南军缺乏军事骨干，祖密又于漳州文昌创办"随营军校"（即陆军学校，创办时间比黄埔军校早 5 年）。

1919 年，孙中山赏识祖密的忠诚和才干，调他任粤军第二预备队司令，后任汕头警备司令。1921 年又调其任大元帅府参军兼侍从武官。同年，孙中山率军入桂，调其为大本营参议及广九铁路监督。

1922 年 4 月，孙先生返粤，祖密扈从。1922 年 6 月 16 日，陈炯明叛变，派兵炮轰总统府，孙先生避难永丰舰，祖密被其拘禁于广州。祖密获救回闽后，时值北伐军入闽，林森任省长，林敦请祖密任福建水利局长。

1923 年 2 月，军阀孙传芳部入闽，林森出走，水利局局务困于财政，祖密去职返鼓浪屿。时值闽南匪患严重，新加坡华侨林少颖募集 30 万元，组建"护法建国军"，推祖密为高级参议。

至此，林祖密追随孙中山革命，辗转于潮汕、漳厦、莆仙之间，已 10 余年!

4. 勤于实业

林祖密出生于官商世家，经商本为其主业。1914—1925 年，林祖密追随孙中山致力于革命 10 余年。这 10 余年亦是鼓浪屿作为公共租界经济畸形繁荣时期。黄奕住、林尔嘉、李清泉等华侨积极筹募资金致力于厦鼓乃至漳泉厦的交通、电话、电灯、自来水等城市公共事业建设。林祖密积极投身革命，更需要大量的资金支持。他响应孙中山实业救国的号召，在闽南等地购置大片荒山荒田，兴办工矿业实业，发展闽南社会经济。他先后在南靖径口创办"南靖垦牧公司"，投资20多万银圆开辟九龙江北溪至新圩全长25公里的航道，发展内河交通运输事业。

林祖密创办的实业为孙中山领导的革命事业贡献了大量的财物，成为孙中山领导的革命事业重要的财政支持。以至于家族经济难以为继，举家生活陷入困顿，"宫保第"一度抵押出去。但林祖密的善举还不止于革命，他对于乡梓建设，对于地方父老乡亲总是慷慨解囊，不遗余力。

光绪三十三年（1907年），漳州地区水灾严重，祖密慷慨解囊，捐资5万银圆购粮赈民；1913年，他又在南靖县径口置田900多亩，办垦牧公司；又耗资6万元，创办郭坑后港林场；投资7万元开办漳平梅花坑煤矿；为繁荣经济和便利煤炭外运，组建华丰疏河公司，疏浚北溪河道，铺设程溪至漳州的轻便铁路，为兴办此项事业，前后历时两年，耗资20万元。

林祖密为人之忠厚大方，由此可见一斑。据前监委陈肇英回忆："祖密是个忠厚的人，很大方，他是文人，但喜穿军装，佩指挥刀，精神抖擞。他是一个忠党爱国者，所以难为逆贼为容，最后且为逆贼刺杀。"

5. 死于英年

如此慷慨激昂、忠厚大方之人，却英年早逝。更令人愤懑的，是死于乱匪之手。

1925年8月23日夜，已是掌灯时分，林祖密刚用过饭，正在漳州华安的家中与家人喝茶说话。没有人会想到，这是他们最后的相聚。闯入者绑架了林祖密和他的两位夫人李真瑜、李碧瑜，以及3个年幼

宫保第的沧桑背影（图片来源：詹朝霞）

的孩子正信、又意、双昭。第二天（8 月 24 日，农历七月初六日），林祖密被绑架者枪杀于押往漳州途中和尚山附近的店仔墟，时年仅48 岁。

闯入者及绑架者，是盘踞漳州的军阀张毅之部属，营长张溪泉。

1940 年，国民政府追念林祖密的牺牲与贡献，明令抚恤，并以其革命事迹宣付党史。1965 年，中国国民党中央委员会复追怀义烈，特赠"忠烈永式"匾额，由其子林正传代表接受。

相对于同时代的黄奕住（1868 年生）、林尔嘉（1875 年生）而言，林祖密何其早逝。他们同居于鼓浪屿，当是经常应酬唱和的朋友。而独祖密早逝，岂不痛哉！

为革命抛富贵献生命，舍林祖密其谁！

"此间安乐且称窝"——林尔嘉的菽庄吟社

朋友们聚会，吃饭是老套，但大家乐此不疲。饭桌上推杯换盏，觥筹交错，说古论今，不亦乐乎。我不善酒，又中气不足，说话费力气，所以每每不胜热闹落荒而逃。如若三五好友，寻一静处，东坪山上农家，或曾厝垵一家小客栈，或上弦场面朝大海的茶舍，喝茶聊天晒太阳，倒是怡然自得，享半日之闲。即使最普通的茶，也能轻松打发一个氤氲闲适的下午。

突然发现，如今所谓静处，居然全没有鼓浪屿什么事儿，而我居然还居鼓浪屿，这颇有点不可思议。不禁想到，那时候的鼓浪屿应该是安静的吧？安静到，林尔嘉寻无数由头呼朋唤友，菽庄花园一聚就是几十上百号人。他们以各种理由聚于菽庄花园，修禊、上元、七夕、中秋、重阳诸佳节可聚之，赏菊、观潮、泛舟、登山、访古诸雅事可聚之，更不用说，主人的寿诞、结婚纪念日等吉日良辰。林尔嘉即使人在欧洲游历，鼓浪屿菽庄花园的吟诗作画、酬酢唱和也没消停过。

林尔嘉不是陶渊明，无须为"五斗米"折腰；也不是苏东坡，未遭朝廷流放之厄。他生来是个福人，不是"官二代"、"富二代"，而是"官三代"、"富三代"。林尔嘉若不过继给台北板桥林家，可能身世更加显赫。他的祖父陈胜元追封提督卫，是从一品大员，至少也相当于现在的部级领导；他的亲生父亲陈宗凯当过金门镇总兵，官至二品，也是副部级的官了。若不过继给林家，林尔嘉大可世袭骑都尉，是正经八百的四品官。而过继给林家，林家也只能靠花钱买了个"四品候补京堂"，林尔嘉是大大地"亏"了。好在他官瘾不大，并不怎

　　林尔嘉于 1913 年建成菽庄花园，1914 年成立菽庄诗社，随后又成立菽庄钟社，吟侣们一度近千人。他们云集鼓浪屿，吟诗作赋，咏叹世事沧桑（图片来源：白桦）

林尔嘉与外国朋友在林氏府（图片来源：白桦）

么把"官"放在眼里。对他来说,悠游岁月,纵情山水,或许才是人生快事。

有大把的银子,有大把的时光,有丰沛的才情,有充沛的兴致,林尔嘉应有尽有的人生还缺少什么呢?何以行乐,唯有风月。林尔嘉对中国传统文人梅兰竹菊、琴棋书画的风流韵事,心向往之。他有钱,又舍得散钱;有闲,又舍得抛闲,"独乐乐不如与众乐",于是"菽庄吟社"成也。

"独自不忘风雅事,招邀名士过江来。"过"江"而来有名士,如台南安平许南英、施士洁、汪春源(杏泉),另有蔡乃赓、陈铁春等人。林尔嘉自然是盟主,但常常是甩手掌柜。菽庄吟社先由福州人陈衍主持,后有湖南稀阳人沈琛笙主持。座中不乏官员政要,其中最重量级的莫过于在北洋政府期间担任过国务总理的许世英。许世英历任官职,罗列起来一长串,简而言之,也够啰唆,有福建省民政(厅)长、福建巡抚使、内务总长、交通总长、安徽省省长、国务总理、驻日大使等。当然,像闽海道道尹、汀漳道道尹陈培锟,北洋政府总统高等顾问孙道仁,林尔嘉儿女亲家福建布政使周莲,思明县县长来玉林,福建护军使黄培松等,都是林家菽庄花园的座上客。

客自各方来。过"江"名士与南岳文士、政界显要,济济一堂,一聚三百人。以今人之急火攻心,很难想象他们怎么相聚相处?是园中漫步轻声交谈,一高兴就轻轻碰杯,还是围于茶席,细细品茗?西装长袍卓然其间,各随其便,谁也不觉得唐突了谁。清晨或者黄昏,抑或是午后,他们流连忘返,或者中途辞别,任凭君意,各安其是。所谓曲水流觞,修禊事也,林尔嘉要的就是这样的自在随意吧。

不知怎么,想起一出韩熙载夜宴的南音剧。多年前,菽庄花园的露天平台，第一次请来台湾的南音社，为的是唱一出千年名画《韩熙载夜宴图》。是夜无月，清风徐来，水波不兴。眉寿堂外，星空之下，海天之间，南音响起。细细的、柔柔的、慢慢的，从天而降，落地有声。又想起，兴泉永道道尹周凯作于1836年的《玉屏夜宴》。一截古墙，半弯石径，有提灯笼者自院中出，客人下轿，刚好迎到。院内屋宇几间，林木若隐。屋内已设好席，纸墨笔砚与美味佳肴已备好，一夕夜话就要开场了。

林尔嘉来时，周凯早已逝于台湾道任上。"菽庄吟社"算是步玉屏夜宴的余韵。千年前韩熙载夜宴作鼓解忧，想必林尔嘉也深解其意。"我辈疏慵非避世，此间安乐且称窝。"因为菽庄吟社，菽庄花园才成了林尔嘉和众多文人的"安乐窝"吧？

物我两尽转瞬间——乡绅黄廷元

紧邻英华书院后门，现安海路 8 号，院中有杨桃树亭亭玉立，其院名为"杨桃院子"，如今是厦门诗人们常聚之处，而少有人知道，此院旧时主人黄廷元了。

1. 起于微末

黄廷元，鼓浪屿昔时德高望重之名绅耆宿，却是生于贫寒，起于微末之一介寒士，但他自强不息，激扬时事，建树作为，造福一隅之事迹精神却值得我们今天一再回味。

1862 年，黄廷元随祖母纪氏移居厦门。其时太平天国起义军波及厦门，黄廷元的父亲黄良成在厦门海防厅当差，不幸被俘，后虽得以释放，但因此失业，无所事事，志穷气短，终日赌博，将家中历年积蓄，耗费殆尽。幸亏祖母勤俭持家，才得以勉强糊口。黄廷元只上了两年私塾，就到店铺里当学徒。

父亲不争气和不上进，少年黄廷元看在眼里，想在心里。黄氏祖先的誓言想必此刻正燃烧在少年黄廷元心中。据说乾隆年间农村收成不好，同安黄氏祖先家无余粮。黄氏十三世祖超营除夕之日仍躬身于番薯园，拾富户丢弃不要的番薯聊以度岁。超营痛心疾首，发誓说以后黄家子孙，即便发迹致富，新年初一都要喝番薯汤，以不忘祖先生计之艰难困苦，而知自强不息。

自强不息，奋发上进，祖先的誓言血脉相传，在黄廷元这里根深蒂固，开花结果。学徒生涯自然苦且累，黄廷元白天干活，晚上自学，稍有闲暇，必手不释卷。自助者天助，黄廷元之勤奋好学、器宇非凡为厦门港洪氏赏识，将女儿嫁给他。所谓成家立业，黄廷元既成家，则谋事业。等到略有积蓄，黄廷元就与友人林子达、陈天恩同赴台湾学医。黄廷元学的是牙科，回厦后即开牙科诊所。这在当时肯定是极新鲜的行业，黄廷元以此而发家致富应是理所当然。

2. 激扬时事

牙科诊所只是黄廷元事业的起步。实际上，黄廷元更多的时间与精力是"不务正业"。黄廷元虽身居一隅小岛，不过一介牙医，却不甘安闲富足，而心系天下风云。其时，清廷腐败，国家势弱，多少不平事，激荡胸怀。黄廷元置身于时代之中，激扬时事，奋力而为，以为天下事尽匹夫之责。

加入同盟会，参与和支持辛亥革命，黄廷元可谓挺身而出，贡献至伟。

1900 年，黄廷元与戊戌变法参与者黄乃裳结交。1898 年，戊戌变法失败后，黄乃裳逃到新加坡投奔他的女婿林文庆。林文庆是孙中山的好友，思想开明，有志于革命，翁婿二人志同道合，相得益彰。在林文庆的推荐下，黄乃裳加入同盟会并任新加坡侨商办的《星报》总主编。1900 年 7 月，黄乃裳回国。他知道黄廷元在厦门办报宣传革新，就介绍黄廷元加入同盟会。1905 年，黄廷元邀请黄乃裳主持由其创办的《福建日日新闻》。又辟自家花园南端，建一间相当宽敞的平房，作为黄乃裳进行革命活动的秘密场所。

1911 年，辛亥革命爆发。黄乃裳正好在南洋，他认为机不可失，星夜买棹，回闽省策划响应。他电请新加坡闽籍华侨筹款接济，又致函向黄廷元告急。黄廷元立即汇款 2000 银圆接应。同时与厦门同盟会同志策划光复厦门。黄廷元一方面与军界疏通，争取得到军界同情，一方面利用各种报纸宣传。当时邹容的《革命军》风靡南北，成为辛亥革命的启蒙读物。黄廷元想在厦门刊印此书，为了避免当局的注意，将书名改为《图存篇》，出资 100 银圆，由鼓浪屿人白瑞安的"萃经堂"秘密刊印 1000 册。这 1000 册《图存篇》一部分由邮局寄往全国各地，一部分于深夜投入商店。一时间，《图存篇》在市民之间广为传播，厦门满城风声鹤唳，清吏大起恐慌。由于互相通气，互相支援，尤其是得到南洋华侨的大力支持，闽省会和厦门光复相继成功。

为防止盗匪乘机捣乱，黄廷元派杨子晖、洪晓春等组织保安会，责令各保自筹经费，日夜派人就地巡逻，地方得以安宁。并由保安会电省会协助解决治安问题，省即派原鸿逵为道尹，成立厦门参事会，延聘黄廷元、杨子晖、黄幼垣、洪晓春、陈天恩诸人为参事。

厦门光复后，黄廷元被推举为厦门统制府民团部长，不久又奉调任闽省交通司路政科长。后又改聘为闽省高等顾问，颁发光复一等勋章。1913 年，黄廷元被推举为福建省议会议员。第二年，黄廷元回厦门任总商会会董。黄廷元在辛亥革命中功不可没，这期间他还成功地领导了一场反美爱国运动。

1894 年，美国政府胁迫清政府签订的《华工条约》期满，中国人民要求废约，而美国政府悍然拒绝这一正义要求，激起中国各界人民的强烈反对。旅美华侨在旧金山中华会馆集会发起"拒约运动"。广州、厦门两地人民首先响应。厦门商务总会会长黄廷元被推举为"拒美约会"副会长，正会长为旅菲华侨陈纲。厦门"拒美约会"派人调查美货商标式样，列单公布，并组织演讲宣传，发动各界人民抵制美货。美国驻厦领事千方百计干涉这一运动，照会兴泉永道道尹玉贵，要他下令禁止。"拒美约会"不畏强权，积极交涉，终于迫使玉贵取消禁令。

1905年春，反美运动的中心由广州转到上海。上海总商会会长曾铸（福建同安人）提议，如两个月内美国不修改苛待华工的条款，就拒签新约，并抵制美货。黄廷元接到上海通电后，立即集会，决定执行"上海泉漳会馆"拟订的抵制美货五项办法：（一）美国货一概不用，机器等件包括在内；（二）美船揽载，华人不应装货；（三）美人所设学堂，华人子弟不应入校读书；（四）美人所开洋行，华人不应受聘为买办及通译等；（五）美人住宅所雇雇工，劝令停歇，庖役等人在内。在全国声势浩大的反美运动的压力下，清政府不敢再跟美国签订华工新约，反美运动取得胜利。

反美运动的胜利极大地鼓舞了黄廷元和厦门人民，以致在黄廷元的领导下，厦门人民坚持了半个世纪的收回厦门"海后滩"运动也取得了彻底胜利。

海后滩事件可以追溯到1842年。当时，英驻厦门领事以不平等条约为依据，租赁厦门港水操台和南校场为英商及其眷属居住地。1851年，英国人又要求改租"海后滩"。1918年，英国借口闽粤军阀混战，调遣海军陆战队登陆，驻扎海后，并筑起所谓"租界围墙"，切断公路，安设隘门，悬挂英国国旗。为此，厦门人民进行了两个多月的斗争，迫使英军撤出海后滩。1919年，英商太古洋行计划在原轮渡码头附近兴建码头，架设飞桥，以便轮船停泊装卸，擅自从香港运来机器和器材准备动工。厦门人民凿沉运载器材的汽船，并举行罢工。同时57个群众团体组成"保全海后滩公会"，由黄廷元领导，提出"抵制英货，坚持到底，誓死争回海后滩"等口号，大力呼吁各界支持。

1922 年，黄廷元被推举为厦门"保全海后滩公会"的首席代表，向北京政府外交部请愿，要求收回厦门海后滩。黄廷元和副代表卢乃沃呼号奔走于上海、天津等大城市，呼吁新闻界、学联会、福建同乡会以及各社会团体人士声援。北京政府随即派交涉员刘光谦来厦处理。最后迫使英商将所竖旗杆和英国国旗移到英商地界，并拆除围墙和隘门。同时规定英商太古洋行筑设码头飞桥，要向中国政府缴纳税金。

1925 年，在"五卅"运动的影响下，厦门人民迫使英国交出"海后滩"警权，撤销"工部局"。1930 年 5 月，英国政府无条件交还厦门租界。厦门人民坚持半世纪的收回"海后滩"的斗争，获得彻底胜利。黄廷元是这场斗争的主要领导人之一。1936 年黄廷元逝世时，刘光谦所赠挽联的下联是："公车北上，我棹南征，拔帜江城思往事。"

如果说辛亥革命、反美爱国运动和收回"海后滩"运动都算得上天下事的话，那么鼓浪屿的事就算家门口的事了。对于家门口的事，黄廷元更是义不容辞，尽力而为。

1902 年年底，清政府兴泉永道与西方列强签订了《鼓浪屿公共地界章程》，鼓浪屿正式成为公共租界，其组织结构中"领事团"为最高统治机构，下设"工部局"和"会审公堂"。1919 年"五四运动"后，"领事团"迫于中国人民反帝压力，设立"华人顾问委员会"。黄廷元于 1923 年和 1926 年分别担任首尾两届委员。黄廷元与其他委员向"工部局"倡议减轻鼓浪屿居民负担。他们提出"儿童、妇女在街上叫卖很贫苦，他们生活只靠每天所赚几个铜钱，应免小贩牌照费"，工部局觉得言之有理，批准照办。1925 年"五卅惨案"发生后，全国各地开展轰轰烈烈的收回租界斗争。黄廷元在鼓浪屿发起组织"华民公会"，被推为会长，会址即设于其私宅。1926 年 3 月，"华民公会"

召开董事会，提出修改《鼓浪屿公共地界章程》，改组工部局董事会，收回会审公堂的主张。在厦门各界的支持下，"领事团"接受修改意见，工部局华董由原来 1 名增加到 3 名，洋董由 6 名减少到 4 名。1927 年，黄廷元出任改组后的第一届董事会副董事长，任期 4 年。1928 年，洋人纳税者会擅自增派洋董，黄廷元率诸华董进行抵制，拒绝出席会议，并提出增设教育股以及工部局各股（公安、财政、卫生、工程），由"华民公会"选派人员充任委员。经过与工部局一年六个月的"讨价还价"，"领事团"最终接受了全部要求。

如此看来，黄廷元更像个社会活动家，牙科诊所倒变成他经营的副业了。黄廷元也因此赢得了鼓浪屿及厦门社会各界人士的尊重和拥戴，为他开拓新的事业领域奠定了坚实的社会基础。

3. 实业之兴

黄廷元的有生之年（1861—1936）正是中国封建制度走向没落，民族资本主义得以兴起的年代。位居东南沿海的鼓浪屿，更因为得天独厚的地理环境和治外法权的租界环境，而在民族资本经济方面顺天时占地利，一度出现过短暂的繁荣时期。

黄廷元无疑是其中的一个弄潮儿。1907 年 7 月，在陈天恩的倡议下，黄廷元与杨子晖、林子达、廖中和（廖悦发）、章永顺共同发起组建淘化食品罐头公司。厂址设在鼓浪屿内厝澳燕尾山麓，专门生产酱油、酱品等食品。最初资本为 15000 银圆，以后增加到 75000 银圆。

淘化公司的建立开启了福建省罐头制造的先河。1913 年，淘化公司首次将食品包装由散装和瓶装改为罐装。1906 年，淘化公司购得屈臣氏留于鼓浪屿康泰路的制冰厂厂房，由黄廷元、章永顺、林振勋等人经营，后又接手屈臣氏位于龙头渡的汽水厂，改建为东方冰水厂。这两家企业，不仅是当时鼓浪屿的名牌，而且是鼓浪屿最早的工商企业之一，在闽南乃至东南亚都小有名气。

淘化公司致力提高产品质量。1911 年，该公司的酱油产品参加德国柏林国际博览会展出，获得优秀奖状；后又参加巴拿马国际博览会，获得两个奖项，在海内外都打出了知名度。

淘化公司的成功促使另一家罐头厂诞生。淘化公司成立没多久，鼓浪屿人殷雪圃、郑柏年等发起成立大同公司。其经营业务、产销品种与淘化公司完全相同。一时间，两家公司展开了激烈的竞争，但竞争以非常理性的方式终止了。1927 年，两家公司经过友好协商，达成合作协议，重组为淘化大同实业股份有限公司。黄廷元为董事长，郑炳伦为部经理。从此，两家联手，业务蒸蒸日上，生产不断扩大，日后发展成为世界有名的跨国集团——淘化大同有限集团公司。

淘大公司的从无到有，从小到大，从鼓浪屿到海外，从一元到多元，直至成为著名的跨国公司，饮水思源，鼓浪屿是其发展的源头和摇篮。1995 年，由淘大公司演化出来的新加坡和马来亚两家公司联手在澳大利亚悉尼购置商业大厦一座，取名 Kusu（鼓屿），以纪念淘化大同有限公司发源地鼓浪屿。由淘大公司衍生出来的所有公司，不管是海外公司还是香港公司，其厂名和徽标都写上"Amoy"（厦门），这可能是第一个直接用"厦门"作为名称的国际著名品牌。

作为淘大公司的发起人之一，黄廷元也留下了他人生精彩的一笔。

4. 民智之启

黄廷元兴办实业的同时，也致力于办报兴学。厦门大学教授、美

黄廷元（1861—1936）（图片来源：网络资料）

发源于鼓浪屿的淘化罐头食品公司（图片来源：白桦）

国人潘维廉在其一篇文章中说，20世纪的前30年，鼓浪屿是世界上财富最集中、富人最密集的国际居住区。无论是洋人出于传播宗教的需要，还是华人出于开启民智的需要，他们在鼓浪屿大兴办学之风。黄廷元既非从南洋回来的富贾巨商，更不是受基督教影响，但他却非常乐意于兴学办报，其初衷大概只能解释为"商而优则学"吧。毕竟中国的传统，"万般皆下品，唯有读书高"。

黄廷元热心于办学。厦门早期的民立学校、公立小学和公立中学，黄廷元都多有贡献。他先后创办或参与创办了鼓浪屿普育学校、崇德女校等早期鼓浪屿和厦门名校。尤其值得一提的是厦门女子师范学校（即上女学），黄廷元托教会人士周寿卿聘请一位英国女教育家担任校长，使该校成为鼓浪屿著名的高等女子学校，林巧稚、周淑安都曾在该校就读。后来该校经费短缺，即将关闭。校中老师庄克昌等人实在不忍这样一所好学校就这样关门大吉，多次要求黄廷元设法筹款，继续办学。一日晚，庄克昌专门为此事到黄廷元家商量。黄廷元急忙乘肩舆去拜访鼓浪屿华侨富商黄奕住先生，庄克昌则留在黄廷元家等消息。半小时后，黄廷元打电话过来，说黄奕住先生乐意承担该校每年一万银圆的经常费用，校中设备费另议。厦门女子师范学校更名为"慈勤女子中学"，校主自然是黄奕住先生。黄廷元仍任董事长一年。

此外，黄廷元还热衷于办报。甲午战争丧师失地，国耻民辱，许多有识之士为宣传革新、开启民智，积极倡办报业。当时厦门最早的《博文日报》、《厦门日报》、《鹭江日报》，以后的《福建日日新闻》或为黄廷元创办，或得到他的资助。

5. 高山流水

看起来，黄廷元似乎每天忙于事功，几无闲暇。其实不然，黄廷元不仅精于世故，亦通音律琴弦。黄廷元擅长七弦琴，连带家中儿孙都有此好。有一年中秋夜，庄克昌应邀到黄廷元家共度中秋佳节。赏月之余，余兴未了，遂和女儿抱出四张七弦琴，陈于回廊中，净手焚香，合奏"高山流水"。庄克昌闻黄廷元抚七弦琴不禁感慨系之："只实雕阑曲径间冷冷然韵出霜钟，颐养天年，寄诸七弦，手抚目送，宜其克享遐年已！"

黄廷元晚年得高血压，1936 年 6 月 11 日逝于鼓浪屿"荔枝宅"。逝世前几天，他还在家中连日开会，以尽其鼓浪屿调解委员会之最后职责。据说黄廷元死后备极哀荣，沿途民众设有路祭，归葬于同安县马巷西侯乡崎头山。

古榕阶前满藓苔——林文庆校长

2012 年年末，一个寻常的周六，鼓浪屿游人如织，人声鼎沸。很少有人知道，一场学术研讨会正在鼓浪屿笔山路 5 号林文庆别墅静静进行，而这场研讨会讨论的主题正是林文庆。

紧闭的大门终于开启。沿着高高的台阶拾级而上，上有榕树，绿荫匝地，覆盖半方平台。他们或站或坐，端一杯咖啡或茶，配饼干或馅饼，三两人或独自一人，都十分自在，原来正是茶歇时间。当年，林文庆就是这样在此待客的吧？他或许没有想到，在逝世半个多世纪以后，一群人远道而来，只是要为他"讨一个说法"。

这些人当中，有美国哈佛大学的杜维明教授，新加坡南洋大学的李元瑾教授，北京大学的陈平原教授，厦门大学的周宁教授、谢泳教授、盛嘉教授……不需一一列举，阵容已足够强大。

林文庆实在配得上这样的阵容。90 多年前，他偕夫人殷碧霞，毅然舍弃了在新加坡的崇高地位与数百万产业，定居于鼓浪屿笔山路 5 号，为的是应嘉庚先生之约，创立厦门大学。

汪精卫意不在此，邓萃英蜻蜓点水，只有林文庆一往情深。

1921 年 7 月 4 日，林文庆乘小船，从鼓浪屿出发，直驶厦门大学，停靠在现厦大医院附近的海滨码头。这是否意味着，年届天命之年的林文庆，也将自己后半辈子生命系于厦门大学——这块当时依然墓石累累、荒草萋萋的滨海之地？此时，厦门大学虽只是蓝图，但不久它就将成为现实。1922 年，群贤楼、映雪楼、囊萤楼、同安楼、集美楼首批五幢大楼建成，绿瓦红砖，飞檐翘角；1925 年，生物院、理化院、

林文庆

（图片来源：网络资料）

厦门大学旧照（图片来源：网络资料）

笃行楼、博学楼、兼爱楼第二批新校舍建成，回廊石柱连绵而起；1926年，文、理、教育、法、商五学院19个系已成规模。文学家陈衍、鲁迅、林语堂、沈兼士、孙伏园、台静农、余謇，语言学家罗常培、周辩明，哲学家朱谦之、张颐，史学家张星烺、顾颉刚、陈万里，教育学家孙贵定、朱君毅、杜佐周、姜琦、邱椿，化学家刘树杞、丘崇彦、张资拱，生物学家秉志、陈子英、钟心煊、吴兆发、林绍文、钱崇澍，数学家姜立夫、黄汉和、杨克纯等各路大师翩然南渡，接踵而至，厦门大学一时大师云集，蔚为壮观。"南方之强"盛况初现。文理并重，中西并重，教研并重，林文庆追求的是"止于至善"。

"止于至善"，谈何容易。实际上，厦大开创之初困难重重。1924年、1926年的两次学潮，都是直冲着林文庆来的。一次"驱林"，以欧元怀等9位老师和200多位学生离开厦大到上海创办大夏大学了结；一次与鲁迅、林语堂结下芥蒂，以鲁迅、林语堂等一批大师离去收场。两次学潮，个中缘由说来话长，但林文庆一心一意崇儒尊孔，恐怕是导火线。

一个生于南洋、学于西洋的人，偏偏对孔子五体投地，还张罗着要成立孔教，在"五四"以后的中国难怪要被群起而攻之。但林文庆择善固执，即使为此吃了够多的苦头也痴心不改。

林文庆还未走马上任，就于1921年6月将新加坡北部兀兰一块51英亩土地的3/5份额献赠厦大，同时成立林文庆基金会。为了坚持这块地的捐赠，林文庆到生命的最后还以绝食相抗争，就如同老托尔斯泰为了将庄园献给农民而离家出走死于一个风雪交加的驿站。

林文庆做厦大校长，住的是鼓浪屿笔山路5号私家别墅，往返靠的是自家备的小船。头几年不取厦大校长薪水分文，直到他在新加坡的产业因所托非人，经营不善，损失惨重，才开始领厦大校长薪水。1926 年后陈嘉庚企业经营惨淡，厦大经费出现困难，林文庆不仅将自己 1927 年 7 月至 1928 年 7 月一年的工资 6000 元捐给厦大，连夫人殷碧霞也捐出私房钱 1350 元。林文庆为富人行医，收高额诊费，亦慷慨悉数捐给厦大。

林文庆奔走于南京、上海、福州、广州，又到新加坡、印尼募捐。"我求你，求你帮助厦大，为祖国培养建设人才！"最后一次，林文庆 66 岁，率人南下，这样低声下气，沿街叩门，只为劝人为厦大捐款。"一木支大厦，两木支厦大"，当时厦门人流行的这句话真不是"青菜公公"（随便说说）。

花时月夜，有客来访。笔山路 5 号，高高的台阶，拾级而上的是庄克昌先生和邵庆元先生，他们是鼓浪屿毓德女子中学的老师和校长，邵庆元先生也曾做过林文庆的校长秘书。"林老欣然出迎，于是晤言于书斋中，每焉絮谈至午夜归来。有时谈到高兴时，也就眉飞色舞，掀髯大笑；然后入室，袖出孤本及名画，张幅展卷，批评置议，声震四壁。仇十洲的汉宫春晓图、初刻的《聊斋志异》（为黄公度所赠），摩挲玩赏，啧啧不置。"

是夜不再。笔山路 5 号已在林文庆的遗嘱中成为厦门大学的资产。前两年终于翻修一新，却再也不是昔日模样。唯有阶前榕树，根深蒂固，枝繁叶茂。大门紧闭，人迹少至，三月雨季，阶前藓苔又绿，覆盖了时间的痕迹。

林文庆别墅（鼓浪屿笔山路 5 号）（图片来源：陈勇鹏）

宇宙文章自此起——文学家林语堂

1905 年，平和坂仔农家子林语堂，乘浅底小舟至小溪，换五篷船顺流而下，抵鼓浪屿。

鼓浪屿，这个距故乡平和不过百里的小岛，对于年仅 10 岁的林语堂来讲，陌生而新奇。虽然是和三个哥哥一起来，岛上也有亲戚，表姐许以斯贴嫁的还是岛上能人邵子美，但毕竟是背井离乡，独在他乡。"十岁离乡入新学，别母时哭返狂呼。"林语堂的《四十自述》对此当是记忆犹新。不是吗？一个 10 岁的孩子，不正该是在平和乡下下河摸虾赤足撒欢吗？

"我本龙溪村家子，环山接天号东湖。十尖石起时入梦，为学养性全在兹。"故乡固然难忘，但鼓浪屿才是他人生的起航口岸，生命的华彩序曲。不管少年林语堂愿不愿意，懂不懂得。

美国归正教会办的两所男子学校——鼓浪屿养元小学和寻源书院，教给林语堂的不仅是说得比母语中文还溜的英文，更重要的是，为他打开一扇观看世界的窗、一扇通往世界的门。而鼓浪屿漳州路上比邻而居的两位女子——陈锦端和廖翠凤，一位是佳人难忘，一位是佳偶难得，都是林语堂抹不去的人生底色，看得见的生命真迹。

虽然寻源书院膳食、学费全免，但林语堂并不买账，说教会学校欠了他的账。不重视中文，不让读课外书，不让看孟姜女哭长城这样有趣的民间戏剧，连辛亥革命爆发这样的大事，都浑然不知，难怪林语堂觉得他在寻源书院所受的"中学教育是白费光阴"。

林语堂也许生气得有道理，但肯定抱怨得没逻辑。若没有寻源中学的免费膳宿和学费，林语堂恐怕连抱怨的机会都没有，更不用说用

林语堂幼时照片

（图片来源：网络资料）

中年林语堂

（图片来源：网络资料）

英语向世界介绍《吾国与吾民》。诚然，在平和乡下，林语堂也许可以像鲁迅笔下的闰土，逢年过节，跟伙伴们看上一两回"社戏"，知道孟姜女哭长城、梁山伯与祝英台、白蛇娘娘与许仙的故事，受点中国传统文化的熏陶，但如此，中国顶多多了一个"闰土"，而少了一位"两脚跨东西文明，一心做宇宙文章"的世界级文学大师吧。

说到底，林语堂该感谢的，还是他远见卓识的父亲林至诚。这位24岁以前还在漳州天宝镇走街串巷的小贩，是个"无可救药的乐天派"。以他的精干聪明和见多识广，大可开动脑筋多赚些钱养家糊口，但他偏偏却选择了读神学校，是闽南地区最早的华人牧师之一。那时美国归正教传教士范礼文博士（Dr. Warnshuis）和医学传教士郁约翰已到达平和小溪。小溪距坂仔不过 15 公里，林至诚很快就成了他们的中国助手。林至诚协助郁约翰建立了小溪医院，而范礼文博士则成了他的莫逆之交。"上海基督文学会"一周出一次的周报《通问报》（*Christian Intelligence*），范礼文每期必寄给林至诚。乡村小贩林至诚的眼界就这样被打开了，原来世界如此之大，国家如此之多，还有牛津、剑桥这样了不起的大学，一定要让孩子们读世界最好的大学，一定要让他们娶有文化又漂亮的媳妇。林至诚有的不仅是梦想，更有实现梦想的勇气。家中 8 个孩子，林至诚通通让他们读书，万不得已才不得不牺牲林语堂勤奋聪明又好看的二姐林美宫，让她与大学失之交臂。林语堂是兄弟姐妹中最聪明机灵的一个，理所当然是林至诚"不惜血本"的重点培养对象。林语堂上圣约翰大学的 100 银圆，可是林至诚豁出老脸向他的学生借来的。

不管怎样，是林至诚让林语堂到了鼓浪屿。无论林语堂喜不喜欢、承不承认，鼓浪屿都是林语堂"宇宙文章"的起始点。

门前荔枝已成荫——郑柏年校长

现安海路 6 号有楼名为"吴添丁阁",清末时期叫"田仔尾",原为苏格兰长老会牧师楼,其后侧有一幢楼为德记洋行的产业,周围荔枝成林,故名"荔枝宅"。

1898 年前后,英国伦敦会山雅谷牧师(Rev. James Sadler)不知多少次徘徊于这幢"荔枝宅"前,他受教会之托负责创办一所英式中学。虽然教会的经费并不十分充足,但困难主要来自于选择一个合适的地方。经过近 60 年的开发经营,鼓浪屿的"黄山洪海"早已易姓改名。土地几经流转,要在 19 世纪末的鼓浪屿找到一块适合办校的地方并不是很容易。晨风夕阳,烈日炎炎,山雅谷没少在这座小岛上转悠,直到在安海路的"荔枝宅"前驻足下来。英华书院自此奠定百年基业。

英华书院(ACC,Anglo-Chinese College),意为英格兰与中华帝国合办之学院,因此又称"中西学堂",又意在培育社会之精英精华,很巧妙的一语双关。与美国归正教会创办于 1881 年的寻源书院一样,英华书院只收男生,以"诚智"为校训。不同的是,英华书院更具有英式教育范儿。课本从英国购买,教师大都为英国人,上课一律用英语,模仿英国高初级学制(高等学堂及初级学院),类似于现在的大学预科制。

起初诸事并不完备。一间教室开始一所学校,在当时鼓浪屿是常见的事儿。两年后,1900 年,因为一个华人的加入,情况发生了一些改变。

这个华人来自新加坡,却是正宗闽南人,讲一口地道闽南话。比

郑柏年

（图片来源：《厦门第二中学百年校庆纪念册》）

英华书院同字楼（图片来源：白桦）

较牛的是，他还会讲英语。更牛的是，他凭着聪明能干，吃苦耐劳，被新加坡丹绒巴葛礼拜堂按立为牧师。1900年，他被英国伦敦教会选派，随金禧甫牧师（Mr. H.F. Rankin）到达鼓浪屿，接手英华书院。

这个华人就是郑柏年，1869年生于福建晋江安海，与后来自印尼回来的鼓浪屿首富黄奕住几乎同年。黄奕住是晋江南安人，想必他们之间在这弹丸之地必有很好的同乡之谊，当然这是后话。可能连郑柏年自己都没有想到，他会在而立之年，来到鼓浪屿一个叫安海路的地方，开创他一生的事业——协助英国人创办英华学院。这座人才辈出、精彩纷呈的学校，正是百年名校厦门二中的前身。

随着华人郑柏年的加入，许多问题迎刃而解。大到征地建屋、与人交涉，小到桌椅板凳、笔墨纸砚，郑柏年都没少操心。本来就是闽南人，郑柏年与鼓浪屿人打交道自然比洋人容易得多。郑柏年名为英华书院舍监，但实为主理。几年内，大礼堂、宿舍楼、浴室、膳厅、小运动场等，纷纷建成。1913年，英华已形成"同"字壳楼群，惜今不复存在。书院迅速发展壮大，由荔枝宅一楼之微扩大成一座设施完备、环境优美的近代化书院。1924年，学生已增到数百人，成为福建著名中学校，扬名东南亚。1926年，郑柏年再赴南洋，为英华募捐筹款，回来增建一幢两层楼房，附设英华高级小学班。1928年，英华书院更名为"英华中学"。同年，郑柏年取代洪显理出任首任华人校长。1930年，郑柏年在英华服务30年后，告老退休，侨居印尼万隆。

与英华书院西侧一墙之隔的笔山路7号，是郑柏年的别墅，如今早已易主。白色、抹灰、无廊，总是大门紧闭，庭院深锁。我无法猜想它过去的样子，只知道一定不是现在这个样子。"以前这幢别墅也是红色调的，也有宽阔的廊道。"一个世纪后，2009年的最后一天，郑柏年的孙子、三一堂歌颂团顾问、70多岁的郑毅训先生，在这幢即将转手他人的宅子里，深含悔意地对我说。我想那该是郑家在鼓浪屿的最后一缕时光了吧。

与郑家别墅一墙之隔的笔山路5号，是厦门大学校长林文庆与夫人殷碧霞的别墅。郑柏年早年在新加坡即与林文庆相熟，以后比邻而居绝非偶然。也或许因为这层关系，1933年，郑柏年最小的儿子郑德坤从燕京大学毕业后，到林文庆任校长的厦门大学担任中国文化史及中国通史的教师。这位后来成为英国剑桥大学皇家学院人类考古学教授的国际著名人类考古学家，是郑柏年在四子二女中最引以为傲的翘楚。郑家男孩当然"近水楼台先得月"，都是英华书院的高才生，其中郑炳伦和郑志坤先后在发源于鼓浪屿的著名的淘化大同有限集团公司担任总经理和董事长要职。

而今，笔山路7号郑家别墅已易手他人，而郑氏后代在美国、香港、东南亚等地散枝开花，枝繁叶茂。

也曾沉吟也昂扬——沈省愚校长

别看洪显理在英华书院又是英文老师又是足球教练，还是继第一任主理金禧甫后的第二任主理，忙得不亦乐乎，但这只是洪显理众多社会角色中的一种。实际上，洪显理在鼓浪屿的主要身份是工部局领袖董事和英国长老会牧师，而英华的实际管理者是舍监郑柏年。1928年，郑柏年实至名归，出任英华首任华人校长。3年之后，1931年，沈省愚继郑柏年之后出任英华第二任华人校长。英华从此进入沈省愚时代。

沈省愚个子瘦小，却结实精干。他上的是厦门中学堂，读的是四书五经，英文却好得出奇。既能写一手好字，还能打一通好拳，整个就是文武双全。

沈省愚讲究"师道尊严"，但尊的是学生，严的是他自己。早上升旗礼，童子军教练没来，他就拿起喇叭自己吹。学校开学收学费，人手不够，他就自己搬张椅子，坐着当出纳收钱。他什么都能自己做，从来不摆校长架子，但学生都敬畏、爱戴他。

沈省愚虽当校长，却从来没离开过讲台。他什么都能教，国文、英文、历史、地理，样样都不在话下。"他从东三省讲起，一省连一省，我们都会背的……"他的侄儿，如今年届90的邵建寅先生讲起姑父沈省愚上地理课的情形，依然眉飞色舞。他不会直接告诉学生答案是什么，而是启发学生去不断思考，还独创了一种"O_4"课。"O_4"是个自创的词语。"O_2"是氧气，"O_3"是臭氧。"O"是氧分子的意思，氧分子很活跃，沈省愚意在要学生自由交换思想，学到课文里没有的东西。每一个学生，不管遇到了什么问题，学习上的、生活上的，都可以写在册子上，每周交一次，沈省愚不管多忙，都会一一批复。因此，每个学生都能得到校长的个别指导，沈省愚还会挑出典型的问题，在课

沈省愚

(图片来源:《厦门第二中学百年校庆纪念册》)

沈省愚、邵友文伉俪与福懿慕姑娘

(图片来源:李秋沅)

堂上特别解答。

　　培养学生的自由意志和个性发展，是沈省愚开"O₄"课的真正目的。当时教会对英华书院有条规定，基督教家庭的孩子必须要加入基督教青年会，但这条规定在英华却没有执行下去。有人质问校长沈省愚为什么不执行，沈省愚回答说："订立这条规定，是顾及基督教家庭家长的感受，但是，愿不愿意加入青年会，要由学生自己来决定。"

　　进一步，对学生自由意志和个性发展的培养，是"德智体群"全人教育模式的基石。各种课外活动，话剧社、艺术社、京剧社等，学生都可以自由参加，但超过两项，就得由校长沈省愚亲自审批。不死读书，也不疲于奔命，沈省愚所希望的不过是学生们的身心能够健康快乐成长。

　　1938—1941 年，是沈省愚办学最得意的时期。国民政府忙于战事无暇他顾，而日本人还没占据公共租界鼓浪屿，英国教会也不太管学校事务了，沈省愚正可以在英华实现他的教育思想。培养有社会责任感的人、有担当的人，是沈省愚教育思想的核心。1938 年厦门沦陷，大批难民涌入鼓浪屿。面对山河破碎、民族危亡，沈省愚身上的士大夫精神慷慨激昂。"英雄胜迹，剩此荒台，狂澜谁挽，慷慨于怀……"1938 年，沈省愚为英华谱写的校歌，已多了几分悲壮。另一首《驼峰怀古》，填的是"Juanita"的调，写于日据时期，"而今只暮鼓晨钟，换得几许迷茫，无数英雄梦……驼峰，危哉乎驼峰"。胸怀大志却无法有所作为，沈省愚之沉痛郁闷由此可见一斑。

　　沈省愚 40 岁结婚，娶的是鼓浪屿教育名门邵家的二女儿，怀仁女中的校长邵友文。婚礼在英华中学的 Peter Anderson 的花园里举行。

　　惜乎世事沧桑，多年后，沈省愚死于"文革"狱中。

厦门英华书院 1940 级毕业留影纪念（前排右四为沈省愚）

（图片来源：白桦）

沈省愚签署的英华书院毕业证书（图片来源：白桦）

却把女子当儿郎——邵庆元校长

1. 邵庆元与林语堂

邵庆元是林语堂的同龄同学，外加"面线亲"，邵庆元的母亲邵许以斯贴是林语堂的表姐。但知道林语堂的人很多，知道邵庆元的不多。若不是因为在鼓浪屿混的时间长了，我也不会知道邵庆元。但这一点都不妨碍我对他的尊敬，一点都不减少他日久月深的光芒。

鼓浪屿东山顶上，现音乐学校所在地，是美国归正教创办的两所学校——寻源书院和毓德女中的原址。1925 年后，寻源书院迁漳州芝山脚下，毓德女中迁寻源书院东山顶校舍。

邵庆元与林语堂皆毕业于寻源书院。毕业后，林语堂去了上海圣约翰大学，邵庆元留在了家乡鼓浪屿。1921 年，邵庆元担任林文庆校长的秘书，兼出纳簿记课主任，及文学院国文讲师；1926 年，林语堂受校长林文庆之邀领衔厦门大学文学院。因此，直至 1926 年，这两个同样生于 1895 年的同龄人，一个落地生根致力于鼓浪屿教育，一个远走高飞成为世界文学大师，在厦门大学再度交集。在我看来，他们的人生同样精彩，殊途同归。

2. 邵庆元与毓德女中

邵庆元于 1926 年离开厦门大学，到《民钟日报》当编辑，不久任《江声报》主编。1930 年，邵庆元任毓德女中校长，开始他人生中浓墨重彩的一笔。

毓德女子中学 1931 年全厦排球锦标队

（图片来源：白桦）

毓德女生在打篮球

（图片来源：白桦）

如果在鼓浪屿街上，看见白衣黑裙、黑鞋白袜的女学生，那么恭喜你，你已成功"穿越"到鼓浪屿的 20 世纪 20 年代和 30 年代。领子在半寸到一寸之间，头发在领子以上，袖子在肘和肩之间，裙摆过膝，那么这是鼓浪屿的夏天；如果头发超过领子，最多到达领子底，但绝不过肩，绝不烫发，那么，这是鼓浪屿的冬天。你也不用猜测她们是谁，因为她们的胸前都别着校徽，"毓德女中"几个字古雅简洁，是女孩子们引以为傲的底气。

毓德女中为美国归正教会创办于 1920 年，用英文和中文上课，开设中文、英文、数学、物理、化学、动物、植物等课程，也开设《圣经》等宗教课程，家政课和手工课也必不可少。美国人理清莲（Lily N. Duryee）和华人林安国分作主理和校长，直到 1928 年，由美国人福懿慕姑娘（Tena Holkeboer）接任主理。1925 年国民政府出台政策，凡私立学校须成立以华人为主的董事会，并经政府审批立案，校长由董事会聘请，但必须是华人，且有大学学历。在此背景下，1930 年，毓德女中成立了由薛永黍（厦大历史系教授）、徐金声（厦大文学院院长）、洪清波（厦大数学教员）、邵锦绣（邵友云）代表校友会，福懿慕、麦淑希等代表美国公会组成的董事会，聘请邵庆元任校长。

虽然邵庆元只是寻源书院毕业，但却因为博览群书，学识渊博，英文水平与国文水平功底深厚，而为林文庆校长聘为厦门大学国文讲师。厦大第一届毕业生，如黄天爵（后来做了厦门市长）、林惠祥、叶国庆、陈育崧，就是他的学生。所以邵庆元后来按照规定补足大学学历，1930—1932 年，到福建省协和大学读书，一二年级的课程全免，直接就上三四年级。

两年后，邵庆元学成归来，正式履任毓德女中校长。

毓德女子学堂添新翼（图片来源：白桦）

毓德女子中学 1924 年丙级毕
业照（图片来源：白桦）

毓德女中第二十届初中毕业（图片来源：白桦）

邵庆元接管毓德女中之前，毓德女中的实际负责人是美国人福懿慕姑娘。她终生未婚，全身心投入毓德女中的工作，做管理也做老师，教宗教也教英文，与邵庆元既亲密合作，也难免小有冲突。

冲突主要来自于教学思想的差异。毓德女中即为美国归正教会所办，自然脱不了基督教色彩，其办学思想以培养基督教化的贤妻良母为宗旨。福懿慕姑娘为虔诚的基督教徒，办学的第一目标自然是为了传教。在 1940 年 11 月 30 日，毓德女中为福懿慕和朱鸿谟举行的"双廿纪念大会"上，福懿慕坦言说，她来中国最主要的原因是为了布道福音的事工。因此，她重视宗教课就是理所当然的了。即使是在毓德女中立案后，国民政府明确规定宗教课只作为选修课，她也能巧妙地将宗教课转化成必修课。

而邵庆元是中国人，有自己的办学思想。他理想中的学生当具有明敏的观察力、缜密的思考力、健全的判断力和刚毅的致果力。他希望学生能够以远大的眼光、热烈的心肠、恢宏的气量、特立独行的精神，以治职事，以应世变，以表率群伦，造福社会。邵庆元认为，不管男女都可以成为对社会有用的人。他在《中学部二十八周年校庆纪念会演讲词》中写道："我们毓德培养出业的'人'，无论是在治家教子，是在机关服务，还是在教育界从事粉笔生涯，个个都能表现我们毓德的特点来。"

虽然有冲突，但邵庆元是个有见识、有原则、有力量的校长。他主持毓德八年（1930—1938 年），毓德得到了健康蓬勃的发展。

邵庆元要为国家培养人才，从来视女子如儿郎。他仿照市政体制，把毓德女中设想为"毓德市"。毓德的学生干部不叫班长、学生会主席，却叫建设局长、教育局长、卫生局长、公安局长等，"毓德市长"

是"最高长官"。但要当"毓德市长"可没那么容易，得一步一步来。先做教育局长两年，再做公安局长，最后才能当"毓德市长"。朱昭仪老师于 1932 年 13 岁时进入毓德女中，到 1938 年毕业，正好与邵庆元当校长的时间重叠，可以说是邵庆元教育思想的见证者和实践成果。朱昭仪性格大胆，思想活跃，口才好，邵庆元就着意培养她当学生干部。朱昭仪一路过五关斩六将，一直做到"毓德市长"。1940 年，朱昭仪考上厦门大学历史系，成为厦门大学第一位一入学即获最高奖学金——"嘉庚奖学金"的学生，并连续四年获得此奖，当时厦大恐怕仅此一人。连后来成为复旦大学校长的谢希德也是进入厦门大学一年后才获得"嘉庚奖学金"的。1987 年，朱昭仪老师从厦门二中退休，曾获全国"三八红旗手"的称号。"中学的时候，我受到最好的教育是来自邵庆元校长。"多年以后，已年逾 90 高龄的朱昭仪老师回忆鼓浪屿往事，最感戴的还是邵庆元校长。

感戴邵庆元校长的岂止朱昭仪一人。在毓德"德智体群"全人教育模式下，在"勤、朴、诚、洁"校风沐浴下，一批又一批闺阁女杰从毓德女中走出，遍及欧美南洋各地。她们自信大方、清雅沉静、多才多艺，无论相夫教子、为人主妇，还是兴办教育、为一校之长，经商营业、为主一方，都表现不俗，卓尔不群，成为鼓浪屿一道永不褪色的风景线。

3. 父亲邵庆元

在家里，邵庆元是七个孩子的父亲。邵庆元曾对幺女邵少蕙说，我没什么财宝，我的财宝就是我这七个子女和这些书。

邵庆元爱书成癖。他当校长月薪 100 元，70 元交给太太做家用，

毓德女中校长邵庆元

（1895—1950）

（图片来源：《厦门第二中学

百年校庆纪念册》）

福懿慕姑娘

（图片来源：叶克豪）

邵庆元全家福（图片来源：李秋沅）

余下 30 元做零花钱，几乎都用来买了书。据说他家有藏书万卷，抗战远走新加坡时，一部分寄存在英华书院图书馆，一部分寄存在毓德女中图书馆，家里剩下几百本，大多是绝版，可惜如今荡然无存了。但邵庆元的爱书成癖却"流毒"深远，他的长公子邵建寅就中"毒"不浅，小学三年级就已迷恋武侠小说，有自己的小书房，从此终生手不释卷，后来成为菲律宾著名的儒商和华文教育家，为厦门大学捐建"萨本栋微纳米研究中心"，冠名"亦玄馆"，还为福建师范大学捐建"又玄图书馆"。

邵庆元非常开明，注重培养孩子的独立性，从来不打骂他们，不勉强他们接受他的理念，而总是在言传身教中让孩子们潜移默化。有一次他的长女邵蕙卿跟毓德的同学一起抵制政府会考，邵庆元知道了，也只是笑了笑对她说："你也会反对老爸啊。"又比如邵庆元教孩子们游泳，只把他们带到海边，划个圈让他们自己扑腾，再慢慢把他们带到水深处，要爬要站，全靠他们自己解决。实在不行了，他才出手托他们一下。邵庆元教育学生也是一样，不会强迫你，不行再帮你一把。

如果孩子们读书有什么不懂的，向他请教，有时候会他却不厌其烦详加解释，有时候他却什么也不说，只告诉你去他的书房找哪一架书橱哪一层哪一本书，叫你自己去看，去琢磨。

邵庆元通音律，喜诗词，数十年研究诗歌，造诣颇深。他翻译了大量西洋名曲，可惜大多失散，唯留 70 余首，包括 1919 年邵庆元 24 岁时翻译的《友谊地久天长》（*Auld Lang Syne*）。邵庆元也自己写诗，然后用《101 首最美的歌》（*The 101 Best Songs*）歌谱中的曲子谱曲，让孩子们和学生们吟唱。一次为了欢迎毓德女中篮球比赛凯旋，他特地写了首诗，让学生们排在校门左右，等着球员们一进门，就歌声大作，师生皆大欢喜，场面十分热闹有趣。

邵庆元这种开明的教育方式，得益于他的父亲邵子美先生与母亲邵许以斯贴的开放与明智，他们是最早皈依基督教的一拨人。邵子美因此被同族人从同安橄榄岭赶出来，但也正因如此，他后来才有机会在鼓浪屿立足下来。而他的太太邵许以斯贴则是"近水楼台先得月"，因为她是林语堂的表姐，而林语堂的父亲林至诚是平和小溪最早的华人传道士。得此风气之先，鼓浪屿邵氏家族二、三代出了9位教授、10位校长，可谓名副其实的书香门第。

4. 远走新加坡

"往日时光，大好时光，我将酌彼兕觥。"《友谊地久天长》的余音未了，日本铁蹄已践踏厦门。1937年，抗战爆发，邵庆元担任厦门市抗日后援会委员。鼓浪屿毓德女中的校长楼，也成了为国军制作捐赠背心的工场。大大的桌子上，裁剪、铺棉絮，校长太太陈月珍都亲力亲为。深蓝色的棉背心，前面用红色线绣着"祝捷"和"厦门毓德"，一堆堆、一捆捆、一批批地送往前线。

邵庆元在厦门的处境变得十分危险了。只是因为毓德女中挂美国国旗，门口写着"美国产业"，邵庆元才暂时没有被日本人抓住。但一出毓德校门，邵庆元就随时有被抓的可能。一切都在悄悄地进行，陈月珍雇了船，邵庆元的行李从毓德正门口出，人从后门走，在福懿慕姑娘的陪伴下，登上小船，直奔安南（越南）而去，却因为没有证件，最后只好在新加坡上了岸。

一到新加坡，邵庆元就去找毓德女中的董事薛永黍。薛永黍是当时陈嘉庚先生创办的南洋华侨中学校长，遂请邵庆元到该校任教。邵庆元在新加坡一待十年，1948年小中风，回到鼓浪屿。1950年2月20日，邵庆元逝世，先葬于鼓浪屿美华墓区，后迁墓到薛岭。

野人怀土吾怀乡——蔡丕杰先生

1. There is no place like home

经常，走过那个荒圮的庭院。庭院有龙钟古榕，根须接地盘根错节，却苍翠仿如从前。从前那幢两层清水红砖小楼，浑身散发出蓬勃生气与青春朝气，就像年轻的蔡丕杰，丰神俊朗，明眸清澈。

时光倒流一百年，1913 年，蔡丕杰先生诞生于南安官桥，其祖辈因穷困潦倒，去菲律宾谋生。经过几十年的艰辛奋斗，在马尼拉曾富甲一时，却好景不长。蔡丕杰幼年随父母在马尼拉居住过，童年随父母回国，即定居鼓浪屿，自此终生不离。

家园虽小，但小楼独建于小山坡之上，三面朝海，一面独对日光岩，推窗可望厦门大学校长林文庆家的别墅，再过去是英华书院校长郑柏年家的别墅。英华书院的钟声，依稀可闻。每一个清晨和黄昏，蔡丕杰沿条石相砌蜿蜒的路，去上学，或回家。从英华书院的学生到英华书院的老师，从不感到单调和厌倦。有时隔了墙，还能听到林文庆校长洪亮的嗓门，也许正与庄克昌先生或邵庆元先生大谈孔子。芳邻鸿儒，何不好学？

除了赴福州读协和大学 4 年，除了 1938—1942 年避难香港几年，蔡丕杰几乎终生居于红砖小楼。菲律宾马尼拉的名校数度虚席以待。1949 年，他已办好一切出境赴任的手续，船票也买了。然而就在临上船前他毅然取消了应聘的打算，拎着行李，回到鼓浪屿那幢绿树红砖小楼。名可不求，利可不谋，家国万不可轻易离弃。

"文革"后，为免除蔡丕杰往返鼓浪屿劳顿之苦，厦大领导多次提出要在校区分房给他，均被婉谢。他不想给学校增加负担，他更不愿意离开和亲人长相厮守的故居。他一生的辛酸苦楚和喜悦甘甜都在这里留下了印记。在这里，他数十年倾注心血汗水，"流淌"出数百万字的译著、论文和堪称经典的中英文讲稿。这是他生命的港湾和归宿。"野人怀土，小草恋山"，"There is no place like home."蔡丕杰的长子蔡望怀在一篇纪念父亲的文章中写下的这句话，或许是蔡丕杰对家乡故土深深眷恋之情最为贴切的表述。

2. Be left or be left

蔡丕杰有卓越的语言天赋。天赋的种子一旦遇到富饶的土壤，破土而出拔节生长木秀于林，是怎样一番生机勃勃天天向上。中文之委婉典雅，英文之明白晓畅，数理化天文地理之格物致知，足球与游泳所浇铸的人格体魄，钢琴与小提琴所陶冶的灵魂情操，一个学子的炼成就是这样得天独厚。

那时候，鼓浪屿有美国归正教会的养元小学、寻源学院，英国伦敦会与长老会的福民小学、英华书院，隔岸同文顶上有同文书院。"ABCD"与"子乎者也"，四书五经与莎士比亚，李白杜甫与拜伦雪莱，阅读背诵与理解欣赏，老师授之于课堂，学生自学于课余。在鼓浪屿中英文并重的教育环境中，蔡丕杰的语言天赋如鱼得水，如沐春风，奠定了他毕生之英语教育事业的深厚根基。

英华书院毕业后，蔡丕杰留校任教。一年后即赴福建协和大学深造，1934 年毕业回来，依然执教于英华书院，兼教中、英文课程。1938 年，厦门沦陷于日寇铁蹄后，蔡丕杰携妇挈子避难香港，在圣保罗学院（St.

蔡丕杰（1913—1988）（图片来源：白桦）

蔡丕杰、叶秀懿伉俪（图片来源：蔡望怀）

Paul College）教英文。1941 年 12 月太平洋战争爆发，香港也相继沦陷。蔡丕杰又回到鼓浪屿，重新执教于英华书院。后担任教务主任，并主持"教师养成所"工作，为毕业后想从事教育的学生提供师资培训，为厦门和鼓浪屿培养出一批优秀的中小学教师。因为种种原因，1948 年，蔡丕杰调到英华校友小学当校长。而在许多鼓浪屿人心中，他本来是英华书院校长的当然人选。有些事，年深日久，个中曲折，且随风去。在这发生"变故"的期间，由于英华书院（ACC）在菲律宾巨大的影响和蔡丕杰的教誉，菲律宾马尼拉华人学校多次敦聘蔡丕杰前往主持教务。蔡丕杰均予谢绝。

在英华校友小学的任上，蔡丕杰对教育事业依然那么倾心钟情。几年之间，学校的水平和品质的提升令人称羡。蔡丕杰似乎要安于命运的这种安排了。然而，天惜英才，新中国成立后国家对高级人才的需求，从澳大利亚回国的厦门大学外文系主任李庆云教授对蔡丕杰的赏识，再次改变了蔡丕杰的人生，让他一跃成为厦门大学外文系的教师。1956 年春，李庆云还专程带着蔡丕杰面见王亚南校长，说："这是我能够在厦门给您找到的最好的英语人才和教育家了。"

此后一段时期，是蔡丕杰英语教学、学术研究的黄金时期。除了基础课程教学以外，还为研究生开设了"英国文学史概论"、"英美诗歌选读"、"莎士比亚研究"、"英国 19 世纪及近代作家与作品研究"等专业课程，几揽英国文学之大全，深受学生们喜爱，就其深刻之内涵、精湛的表述来看，不失为厦大外文系的经典课程。

1959 年，他和刘贤彬合作编译的《英语句型和惯用法》由商务印书馆首次出版，以后应读者需求多次再版。1975 年又重译新版，1981 年在此基础上再次由商务印书馆出版。此书在学界的影响历久不衰，即使在"文革"中也是"洛阳纸贵"，海内外求购者甚众。1972 年，蔡丕杰与人合编《英语基础语法新编》，是"文革"后国内首批出版的这方面的专著。此外，由蔡丕杰和林疑今（林语堂侄儿）任顾问，由徐元度、刘贤彬等人编纂的《综合英语成语词典》，以其全面性、权威性，已被美国国会图书馆收藏，版权还输出台湾地区。蔡丕杰还为在国内外享有很高学术声誉、由厦大外文系编纂的《英语成语词典》倾注了大量心血，贡献至伟。

语法和词典，蔡丕杰已是硕果累累。然而，蔡丕杰的专长和至好却是在英国文学以及英国诗歌和中国诗词的比较研究上。蔡丕杰卓越的语言天赋在这一领域表现得淋漓尽致。在此仅举二三例，可窥其余。

1958 年厦大开展"拔白旗插红旗"运动时，外文系主任李庆云教授为了写一篇自我批判的发言稿，而大伤脑筋（李只会说几句简单的中文），找蔡丕杰商量。最终由蔡丕杰执笔拟就了一份中英文参杂的稿子，其中，"Be left or be left!"（"或为左派，或被抛弃，两择其一。"）一语一时传为佳话，闪现了一种文字的功底和在运用上得心应手。多年后时任厦门市政协主席的蔡望怀在率团出访新西兰时偶尔提到这句话，未料竟然引起主人们的关注和兴趣。一位左派政党领导人还开玩笑说要把这句话列为今年竞选口号之一。

唐诗宋词的审美境界，往往是英文难以通达的。但人类感情之相通，又非时空之深远可以相隔。对于诗歌之意味深长与妙不可言，蔡丕杰的领会之深，令人叫绝。比如苏轼之"相顾无言，唯有泪千行"，蔡丕杰以拜伦（Byron）的

If I should meet thee

After long years

How should I greet thee

With silence and tears

相对应，其精当可谓无以复加。苏轼和拜伦若地下有知，当引以为知音。诸如此类中英文比较对应，在蔡丕杰的一篇文章中，就有八九十处，无不字字珠玑。

一首唐诗，蔡丕杰往往能找到三四首英文翻译进行比较。英国汉学家 H.A.Giles（翟理斯）（1845—1935）的唐诗翻译就常出现在蔡丕杰的讲义中。这位 1878—1881 年间任英国驻厦门代理领事，著有《鼓浪屿简史》的英国人若知道百年后，一个叫蔡丕杰的鼓浪屿学者在厦大的讲台上，给学生们娓娓讲解他当年的唐诗翻译，当会心一笑。

正当蔡丕杰游弋于中国古典文学与英国文学交汇的深水区，学术积累即将喷薄而出时，"文革"爆发了。笔记、讲义、手稿或付之一炬，或遗落散失，幸存部分又遭白蚁蛀蚀，现已所剩无几，十不存一。那日，在蔡望怀家的书桌上，有幸亲睹蔡丕杰讲义手稿的断章残片。发黄的稿纸，细密的手迹，一行行诗经论语唐诗下的英文翻译注解……只要稍加整理就是一部中国古典诗词英译杰作。

推敲、琢磨、查找、比较，无数个夜晚的秉烛埋首，蔡望怀忘不了父亲在小楼的书案前上下求索的身影。"可惜以前我太忙，现在又精力不济，不然该好好整理父亲的这些手稿。"蔡望怀看着父亲的遗稿，深感愧疚遗憾。

我一直困惑，那个时期，一个人做学问怎么可以如此倾心钟情？又怎么可以如此学贯中西？

"我总感到父亲有一种学习和驾驭文字的特殊才能。他的语感（sense）特好，对中外文学名作佳篇的诠释和演绎常有独到精辟之处，

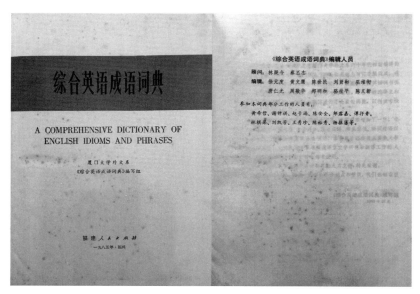

《综合英语成语词典》内页（图片来源：蔡望怀）

厦大外文系部分教师合影（前排右二为蔡丕杰）（图片来源：白桦）

在他的灵感可以任凭喷涌、想象可以自由驰骋的环境下，他的说文论道有时可以达到出神入化的境地，令人叫绝。"知父莫如子，多年后，蔡望怀在纪念父亲蔡丕杰的文章中深情回顾，是怀念先父，更是由衷景仰。

"蔡先生是德高望重的学者，在外语界享有盛名，是英语语法和词典编纂方面的专家，对英国文学深有造诣，在比较文学研究方面有独到之处。"这是《厦门大学人物传略》对蔡丕杰的中肯评价。

3. To give and not to get

蔡丕杰为人师，绝非仅为衣食谋。他对于"传道授业"之热爱，来自于对学生父亲般真挚的爱。为国家培养人才，是蔡丕杰一代人的教育梦想，并身体力行到了呕心沥血奋不顾身的地步。"一日为师，终身为父"，本来讲的是，一日尊之为师，则终生敬之如父母。而在蔡丕杰这里，则变成了"一日为人之师，当终生爱之如儿女"。

"No love, no life; No work, no life."（没有爱就没有生命；没有工作就没有生命）爱与工作，非常奇妙地融于蔡丕杰一生的教育事业中。

"您那渊博非凡的学识，及对学生的严父般的感情，每时每刻都在激励着我们。尽管我们已离校，学生多么想能重新回去，能再多听听您的讲课呀！"一位厦大外文系 1977 级的学生，后来旅居美国的杨林年，在给蔡丕杰的信中这样写道。这只是无数学生来信中的一封。像这样的学生来信，蔡丕杰一生不知收到多少。每逢此时，蔡丕杰倍感幸福欣慰。

不知多少个下午，鼓浪屿深掩于古榕绿荫中的红砖小楼，响起悠扬的钢琴声。这并不是一场家庭音乐会，而是蔡丕杰给登门求学的学生额外的课余"福利"。在教学中注入音乐元素，是蔡丕杰颇具"深意"的教学方法。蔡丕杰认为音乐对内心世界的丰富和对精神境界的提高有着不可言喻的作用。他的长子蔡望怀就近水楼台深受其益。"每当我从倾听一首优美乐曲的沉醉中苏醒过来的时候，一种欲望和冲动就会油然而生——要去做一个高尚的人！"这是蔡望怀的切身体验，也是终生追求。另外，对一些词曲俱佳的经典歌曲的弹奏和吟唱，能让人熟记那诗一般美妙的歌词，是学习英语的绝佳途径和精妙方法之一。蔡丕杰的得意门生之一，年届90的邵建寅先生博闻强识，至今对许多欧美名诗能够脱口而出，就是蔡丕杰这一"音乐教育法"的受益者。

端上热茶，奉上点心，是待客之礼，也是蔡丕杰对学生们求知若渴的奖赏与鼓励。学生上门求教，蔡丕杰不收分文还要自掏腰包，这样的"傻事"，如今怕是不会有人干了。"苍天假我几时日，愿为后生作马牛。"是蔡丕杰70岁生日时的感怀，对于后生的殷切之情溢于言表，虽年届古稀，退休在家，却犹老骥伏枥，壮心不已。

如今已是耳顺之年的厦大郑启五教授，一说起他的论文指导老师蔡丕杰先生，就激动不已。那年是1981年，蔡丕杰刚做了放射治疗，年老体虚。可是这一点都不妨碍他天天从鼓浪屿"漂洋过海"到厦大上课、开讲座。上课讲到动情处，诵读起英文诗歌来，依然声情并茂，风流自若。郑启五"仗着"自己与蔡丕杰的一己师生之情，每每大摇大摆蹭蔡老师的课，蔡丕杰不以为忤，反而有课便通知这个"好学之徒"。

今年年届90的林世岩老师，至今对曾经的英华书院教务长蔡丕杰先生念念不忘。"没有他，我就上不了英华书院呀。"原来林世岩因为珍珠港事件后被迫辍学。抗战结束后，求学心切的林世岩拿着一张同文书院的初中肄业证书，想到英华书院碰碰运气，看看能不能上英华书院。让林世岩没有想到的是，教务长蔡丕杰很和气地接见了他，并很快安排他上英华书院。就这样，林世岩与后来成为高分子化学家、中国科学院院士的卓仁禧成了同班同学。

林世岩只是蔡丕杰帮助的众多寒门学子中的一位。对于好学上进的贫寒子弟，蔡丕杰无不尽力而帮助他们求学成才。直到现在，蔡望怀偶尔还会遇到一些陌生老人，他们亲热地拉着蔡望怀的手说："当时如果没有您父亲的帮助，我这个穷孩子是上不了学的。"

"To give and not to get." 蔡丕杰这样教育学生，更是这样鞭策自己。蔡丕杰曾经的学生，如今皆已年届古稀，分布在世界中国各地，如武汉大学高分子化学家卓仁禧，厦大前党委书记、副校长吴宣恭，中国未来学会未来研究所所长秦麟征，厦门大学外文系主任刘贤彬，菲律宾实业家、华文教育家邵建寅等都是其中佼佼者。"弟子遍四海，桃李满天下。"《厦门大学人物传略》所言不虚。

多年后，厦门二中成立英华毓德校友总会，蔡丕杰是海内外公推不二的理事长人选。20 世纪 80 年代初，蔡丕杰担任理事长期间，菲律宾英华书院校友的几笔大额捐款，皆来自蔡丕杰的学生。

4. *Fifth Nocturne*（《第五夜曲》）

蔡丕杰热爱音乐，他的夫人叶秀懿是小学音乐教师，弹得一手好钢琴，又是当年鼓浪屿知名的业余女高音。两人可谓琴瑟相合，相得益彰。

"如果你接受我的爱，请在我走过你家门前时弹奏 Leybach 的《第五夜曲》。" 80 多年前，蔡丕杰在写给他的初恋，也是终生之恋的爱人叶秀懿女士的信中如此说道。一周过去了，又一周过去了，蔡丕杰品尝着等待的苦涩和甜蜜。终于，有一天，笔山路那幢"白石之屋"传出了《第五夜曲》的熟悉旋律，蔡丕杰停下脚步，屏息聆听——经过几周的苦苦等待，蔡丕杰终于听到了这首表白爱与托付的钢琴曲。一曲定情，从此终生。

1988 年 2 月 28 日早晨，时为厦门市副市长的蔡望怀，正要赶往福州开会。父亲已重病在身，却强撑着病弱之躯，坐在客厅的沙发上，只是为了为儿子送行。蔡望怀突然心有所感，想给父亲一点温馨的感觉，当即坐下来，为父亲弹奏了这首对父亲有特殊意义的曲子，Leybach 的 *Fifth Nocturne*（《第五夜曲》）。曲终回首，见父亲枯槁的脸上，清泪两行……他并不知道，这是他与父亲最后的道别。

当天晚上，蔡丕杰在鼓浪屿绿树红砖小楼的家中安然辞世。蔡望怀连夜从福州赶回来，还是晚了一步，无缘与父亲见最后一面。

多少次，在这间客厅，看见蔡丕杰先生镶在镜框中的黑白照片，光明朴素清明谦和。他与夫人叶秀懿女士相依而坐的合影，清澈和谐，佳偶天成，让人心生敬慕，让人觉得人间如此美意。

此生只寄山水间——君子黄省堂

多年后，有人自美国来，打听一个叫黄省堂的鼓浪屿人。

那是 2012 年。自美国来者，是鼓浪屿曾经的首富黄奕住的第十二子夫妇。他们要寻找的黄省堂先生，已逝世近 60 年。而他们自己，也已是年届 80 的老人，不远万里所为何来？

1. 黄奕住的遗嘱

黄奕住与黄省堂虽然都姓黄，但并非本家。黄奕住是南安金陶人，生于 1868 年，16 岁到印度尼西亚，剃头为业。20 岁时把全套剃头工具扔进海里，从此挑起咖啡担走街串巷，进而开水果杂货店，由行商而坐贾，20 年内成为印尼第四大糖王。1919 年，黄奕住携资 2000 万银圆回国，定居鼓浪屿，建别墅 160 余幢，在上海建中南银行，为当时唯一可以发行货币的私家银行。同时积极投资鼓浪屿、厦门的电灯、电话、自来水等公用事业，是民国年间厦门首屈一指的富商。

黄省堂 1889 年生于鼓浪屿，整整小黄奕住 21 岁，完全是两代人的概念。更关键的是，黄省堂原并不姓黄，而姓曾，祖父那辈还在厦门曾厝垵。只因祖父早逝，祖母改嫁给一个厦门黄姓小贩，才改姓了黄。由于祖母的辛勤操持，家境渐渐好转。到了黄省堂父亲手里，黄家已在鼓浪屿龙头路开了家小店，卖副食品、香烛金纸之类的，慢慢地挣了一些钱，在龙头路盖了一座一厅四厢房带耳房的传统闽南大厝，算是小有家业。

黄省堂的父亲随养父改姓黄，名光土，生有四男二女。黄省堂是最小的儿子,取名振贱,振拨贫贱之意,学名又叫黄守曾,即守曾姓之意。而不知就里的老师,误以为意为守曾参之道,故为其取一字,叫省堂,取曾子"吾日三省吾身"之意。省堂之名,由此传之。

说了这么多,其实想说的是,黄省堂与黄奕住非亲非故,八竿子打不着,却是黄奕住的遗嘱执行人。这是为什么呢?

1945 年抗战胜利前,黄奕住死于上海。他立遗言,要求他的后事,包括他的葬礼以及一切遗产分配都要委托黄省堂执行。若因战争期间交通不便,至少也要等待黄省堂 10 年。若 10 年后黄省堂还是来不了,则再请人代理执行。要有怎样的信任,才能有如此泰山之托?要有怎样的人品,才不负如此泰山之托?

黄省堂不会忘记,20 年前,1925 年,他正好辞了鼓浪屿工部局华董的职位,赋闲在家。同时"赋闲"的,还有他们家的一块地。这块地是用黄省堂夫人,著名的"文圃茶庄"杨家大小姐丰厚的嫁妆购买的。可是黄省堂没有起厝的钱,地就荒在那儿,平时让堂兄弟们打打拳、踢踢腿什么的。

一天夜里,黄奕住睡不着觉,叫上随从沿着斜坡路散步,看见这片荒地。一打听,是黄省堂的。黄奕住当即抬脚就去找黄省堂:"地是你的,为何不起厝,给狗拉屎?"黄省堂说:"我也知道这是块好地,之所以拖延到今天还不动工,是因为像这样的地,建小屋则太可惜了,建大屋现在没有钱,所以只能先荒着。"黄奕住说:"来找你就是为了这事,房子你必须要建的,钱则先从我的日兴钱庄支取。第一不要任何利息,第二也没有时间限制,什么时候还都可以的。"与人信任,莫过于此。

一诺千金,事情就这么简单!第二天,黄省堂就请人画了图纸,

黄奕住（1868—1945）

（图片来源：网络资料）

黄省堂（1889—1957）

（图片来源：黄曾恒）

1924年黄省堂全家福（图片来源：黄曾恒）

很快工程就开工了。未几，大厝建成，即鼓新路 13—15 号。几年后，黄省堂还清黄奕住的贷款。不负信任，莫过于此。

君子重于义。多年后，黄奕住指定黄省堂做他的遗嘱执行人，正是笃定了黄省堂是个堂堂君子。1945 年，抗战一结束，黄省堂即赴上海，处理黄奕住后事，护送黄奕住遗体归葬鼓浪屿，就任黄聚德堂经理，处理黄氏遗产，经营黄氏不动产。黄氏遗产处理完毕，黄省堂就任厦门自来水公司经理，直到 1949 年新中国成立后。

何以相托，生死以契。

2. 洪显理的葬礼

如果说处理黄奕住的后事，执行黄奕住的遗嘱，是受人之托，是信任也是责任，那么埋葬英国人洪显理则是道义也是情谊。

在鼓浪屿，洪显理是一个不能不提的人物：一则因为他的身份——鼓浪屿工部局领袖董事、英国伦敦长老会牧师、英华书院主理及足球队鼻祖。一则因为他的个人特征——个子不高，鼓浪屿人称之为"矮子洪"；脾气不小，英华书院购地建房、鼓浪屿下水道整治灭蚊运动，洪显理都下得了狠手；趾高气扬，经常乘三人小轿招摇过市，等等，总之，洪显理是个"话题人物"。

但他却跟黄省堂合得来，确切地说，是黄省堂跟他很要好。他们其实是师生关系，黄省堂是英华书院的学生，洪显理是他的英文老师。洪显理是苏格兰人，以致黄省堂满口地道的苏格兰口音让人误会他是从英国留学回来的。虽然黄省堂成绩优秀，老师们也推荐他去英国留学，但黄家没有足够的钱，黄省堂只能望洋兴叹。洪显理想了一个办法，即试图说服黄省堂接受基督教洗礼，这样就可以用教会的钱去留学，但黄省堂觉得为了利益去信一种宗教，是不能容忍的，此事只好作罢。但这并不妨碍他和洪显理之间的师生情谊。

洪显理对他这个学生显然偏爱有加。留学不成，洪显理又推荐黄省堂去鼓浪屿工部局做秘书，1906—1925 年，黄省堂服务于鼓浪屿工部局。1925 年，黄省堂辞去工部局职位。

鼓浪屿很小，小到一个老师与他的学生低头不见抬头见。洪显理做梦也不会想到，有一天他会死于日本人手中，他的尸骨是他的一个叫黄省堂的学生和一个叫王世铨的学生冒险背出来，收殓安葬在黄家自家墓地的。

那一年，是 1941 年，那一天，是 12 月 8 日，珍珠港事变太平洋战事爆发，英美诸国顷刻间成为日本的敌对国，日本人立即在鼓浪屿岛上搜捕英美人士。作为鼓浪屿的著名洋人，洪显理首当其冲，第二天就被送进了鼓浪屿集中营。年老、惊吓、挨打，两三天，洪显理就死于集中营，没有人敢去收尸，大家都成惊弓之鸟自顾不暇。而黄省堂和王世铨，这两个洪显理的学生闻知噩耗，就相约潜入集中营，认尸、收尸，默默将老师的尸体背出来，简单地办了个葬礼，送葬的人只有黄省堂和王世铨两人而已，将洪显理葬于黄家墓地，即现在鼓浪屿艺校一带。

四年后，1945 年，抗战胜利，英国军舰来访，特地来找黄省堂和王世铨，请他们到军舰上做客，并为他们收葬洪显理之事向二人道谢。原来洪显理是英国贵族，地位显赫，英国军舰特地来将他的墓地迁回故乡。为了表示感谢，他们问黄省堂和王世铨二人有什么要求，但二人并无要求，英国军舰临走前，送了两大桶军舰上的油漆作为答谢。黄省堂用此将电灯公司机器设备和厂房油漆一新。

抗战胜利后，英华书院复校，黄省堂因为不是基督教徒，教会中有人联名上书伦敦差会反对他继续担任英华书院董事长。但得到的答复是，黄省堂不仅留任，而且是终生董事长。

何以为道，两不相负。

3. 此生只寄山水间

小时候，黄省堂是很得宠的，因为他是父亲最小的儿子。顽皮，不喜欢读书，装病不去上学这样的小把戏都是玩过的。但黄省堂后来读英华书院时的成绩却很好，这不是因为黄省堂突然开窍，而是因为他有一位勤奋好学又有天分的小伙伴。小伙伴叫许地山，他曾对黄省堂说："你看到别人用功读书，自己还有心思玩吗？不觉得在浪费大好时光吗？"如此，黄省堂只好用功，不然怎么跟小伙伴混？以后还就拿这事儿教育儿子们。

从此黄省堂真的很用功。读书、做事不用说，最重要的是，他找到了生命的寄托，在山水书画间诗意栖居。

失业，有的时候并不是坏事，至少对于当时的黄省堂来说是这样。1925 年，他辞去工部局职位，本想乘桴下南洋谋生，却又阴差阳错回到鼓浪屿，于是有了长达三年的失业时光，但这却是美妙的三年失业时光，珍贵的三年失业时光，从一个工部局职员到一个艺术鉴赏家的三年时光。

不知黄省堂对艺术的爱好与冲动来自何处，得之遗传还是后天熏染？反正他痴迷地爱上了中国传统艺术，每日与一帮文人、艺术家聚在一起。从新加坡回国的马祖庚，艺术修养极深，精于文物鉴定，又种奇花异草，养热带鱼，是一个大"玩家"，比黄省堂年长得多，是

黄省堂书画作品（陈育新摄）（图片来源：黄曾恒）

黄省堂的忘年交，视黄省堂为终生知己。也因此，黄省堂结识了郑霁林、林嘉等许多艺术家。"心有灵犀一点通"，黄省堂与生俱来的文艺细胞被空前激活，从此一发不可收拾，每日以书画为伴，学画山水画，临帖写字，一本王羲之的《兰亭序》被他临得滚瓜烂熟，人的心气神也随之平和圆融。

艺术与收藏，几乎相伴而生。黄省堂当时搜罗了很多字帖，装裱成册，用红木制作的小箱子收藏起来。箱子的题名出自他的另一名忘年交——施乾的手笔。

1929 年，他的第一个儿子黄吟军出生。这一年，黄省堂结束了宝贵的三年失业生涯，就任大中轮船公司经理。此时黄省堂的心情应该很好，他乘着自己公司的轮船到上海、天津等地畅游一番。此行最让他高兴的，是购买了一批颇有价值的字画。不知不觉中，黄省堂成了一个精于鉴赏的收藏家。

并非腰缠万贯，甚至并非衣食无忧，凭什么黄省堂可以如此"任性"？"文圃茶庄"杨大小姐丰厚的陪嫁自然是物质基础，但内在的渴望才是生命的导向。没有什么比心有所爱，更幸运的了。

何以为欢，山水之间。

鼓浪屿，弘一法师的背影

鼓浪屿的日光岩寺，以前叫莲花庵，至迟建于明万历丙戌年（1586年），可谓历史悠久。日光岩寺依山凭海，风光独好；别致精微，清静素雅；香烟缭绕，日光普照，是个闭关修行的好地方。弘一法师于1936年农历五月至十二月在此闭关半年之久。

弘一法师，即李叔同，1880年生于天津富贵之家。他天赋异秉，天资聪慧，凡有所为，无不极致。他通音律，善诗词，喜绘画，爱戏剧，曾亲自上台表演《茶花女》，轰动津沪。今天仍不绝于耳的《送别》就是弘一法师出家之前的填词杰作。弘一法师还是西洋音乐和油画在中国的最早传播者之一。如此才华横溢、丰姿卓绝的风流公子却于1918年8月在杭州虎跑寺削发，9月受戒，成为后来为无数僧众敬仰的弘一法师。当弘一法师恪守衣不过三、午过不食的佛家宗律时，他可曾想起昔日锦衣玉食梦幻般的繁华？"极尽绚烂而归于平淡"，有人这样评说弘一法师与张爱玲。其实，弘一法师之精微广大又岂可一言以概之！

所以，1936年农历五月，小小的鼓浪屿、小小的日光岩寺能迎来弘一法师在此闭关修行，不管怎么说也是一件值得鼓浪屿和日光岩寺传于史册的幸事。

照片上，弘一法师行走在鼓浪屿的街上，一柄墨伞之下，是法师清癯的背影。他仿佛走向归途，又仿佛从此出发。而另一张照片上，法师在日光岩上执扇而视，仿佛凝视远方，又仿佛视而不见，而慈悲却已深刻入纹。

法师静修于日光岩寺，专心著述，闭门谢客。他在半年的闭关期间，

1937 年秋的弘一法师

（图片来源：白桦）

1936 年弘一法师的背影

（图片来源：白桦）

1936 年弘一法师于日光岩

（图片来源：白桦）

先后编定了《南山年谱》、《灵芝年谱》，撰写了晋江《草庵记》、《奇僧法空禅师传》，并手书《药师琉璃光如来本愿功德经》一卷。

可是法师的静修仍然为一些慕名而来的拜访者打断。而其中最为人们所乐道的是郁达夫的来访。1936 年农历十二月，郁达夫在广合法师的陪同下到日光岩寺拜访弘一法师。法师久入空门，对当时已蜚声文坛的郁达夫一无所知，"所以接见时，只是拱手致意，合十问讯，赠予佛书而已，谈话极少"（见洪卜仁《弘一法师的厦门因缘》）。而郁达夫却对弘一法师留下了难以磨灭的印象："清癯如鹤，语音如铃，动止安详，仪容恬静。言谈虽只一二句，却殷勤至极，使人入耳难忘。"

"远公说法无多语，六祖传真只一灯。"郁达夫的诗句大概就是这次会见的最贴切写照吧。

弘一法师在日光岩闭关的小木屋而今已不复存在。不过穿过日光岩寺餐厅，爬上二楼，有一块金字塔形巨石，巨石上刻有杭州人俞成和龙溪人黄日纪的诗。只要稍微留意一下，就不难发现石壁上端有三个榫眼，据何丙仲先生说，三个石眼是架梁的地方，原来这里有一座小木屋，就是弘一法师闭关之处。

据说，弘一法师本打算在日光岩寺闭关三年的，可为什么只住了半年呢？据陪法师同去的高文显回忆，是因法师嫌环境太吵。小木屋下厨子的说话声，早晨的洗菜声、炒菜声都"吵"得法师心烦。更令法师难以忍受的是，隔壁冒出的浓烟使"法师蒙熏"，连白天也不能好好地用心治学。看来，法师虽入定，也难耐俗世之喧嚣。

1936 年农历十二月初六日，法师移居南普陀寺。

而今，日光岩的小木屋已毁，而弘一法师的气息犹存，令人怀想，不可抑止。

于无声处归故乡——陈传达之死

1945年6月11日，家住鼓浪屿五个牌（现美华浴场一带）的陈金芳接报，说在康泰垵海滩上发现一具浮尸。他立刻赶到现场，死者果然是其子陈传达。这对康泰垵海滩上的悲情父子，有一个特殊的身份——日籍台湾人。正是这一特殊身份导致了悲剧的发生。

陈金芳，曾担任美华中学、中华中学校长、董事长，其岳父郑法力是晚清时代鼓浪屿著名牧师。他和太太郑宝枝都是虔诚的基督教徒。

陈传达，1919年生于鼓浪屿。1938年5月厦门沦陷后，陈传达与哥哥、姐姐们经香港往菲律宾。旅菲期间，陈传达对苦难祖国的热爱丝毫没有因为身在异国而稍减，他积极教群众唱抗日歌曲，鼓舞人们的抗日斗志。而后，他不畏艰辛，与一些爱国青年经香港入云南，千里跋涉到重庆，后进入上海国立音专学习声乐。1941年12月，日本发动太平洋战争后，国立音专停办，陈传达不得不回到家乡。

家乡鼓浪屿，正是琴声飘扬的地方。陈传达凭借优越的音乐素养执教英华书院（当时已被伪厦门政府接收，改为"二中"）音乐讲坛。

但陈传达的工作绝不止于一份教职，他还接受鼓浪屿三一堂歌颂团团长朱鸿谟的邀请，执掌该团的指挥棒。

建成于1934年的三一堂，一向以注重圣乐事奉著称，歌颂团阵容稳定，组织严谨，训练有素，水平较高。陈传达立于宽阔的三一堂讲坛，不管是发音不准，还是琴音走调，哪怕细微得难以觉察，都逃不脱他高度灵敏的耳朵。每一礼拜，都有一位不同声部的歌唱者能够在陈传达家得到他的单独辅导。由是，三一堂歌颂团成员由20人陡增到

陈传达（1919—1945）

（图片来源：鼓浪屿三一堂）

1942年9月24日，三一堂歌颂团圣城咏唱后纪念合影（前排左四为陈传达）

（图片来源：鼓浪屿三一堂）

50 余人。而他优美的男低音，在当时的鼓浪屿更是无出其右者。

明净优美的鼓浪屿，谦恭良善的基督教家庭，意气风发的少年才俊——一颗音乐之星正在冉冉上升。如果他不是因为父籍而成为台籍青年，如果他不是生于那个日寇铁蹄下的年代，后来的悲剧也许不会发生。

1. 托病不去参加警防团军训

1945 年年初，因为临近败亡，兵员缺乏，日军迫令所有住厦台籍青年参加军事训练，组织警防团。陈传达也在被征之列。

陈传达的痛苦可想而知。他满腔愤慨地对朱鸿谟说："朱先生，我明明是中华民国国民，为什么说我是日本人统治下的台湾籍民？我从香港回来的通行证，还明明写的是中国人。"他告诉朱鸿谟，日本人令他剪光头，他拒不执行，只在上操时用帽子将头发掩上而已。

面对日本人威逼，陈传达的反抗绝不仅仅是几句轻描淡写的牢骚，而是付诸了实际行动。

1945 年 6 月 7 日晚，陈传达与两名台籍青年决定从厦门港搭乘小船逃往内地。他们分头走路，两名台籍青年走在前头先上船，陈传达落在后面，跟他们保持了相当的距离。当陈传达走到南普陀附近时，突然，几个打着手电筒的敌探拦住了他的去路。

敌探盘问："你是陈传达吗？"陈传达镇定地回答："不是！"

敌探再问："那你认识他吗？"陈传达机智地回答："不认得！"

敌探离开后，陈传达不敢再由厦门港搭船。他摸黑向五老峰山上爬去，越过山冈，一直跑到了山背面的一个石洞里，才停下来躺在地上睡过去了。6 月 8 日清晨，天蒙蒙亮的时候，陈传达醒过来，才发

鼓声路 8 号陈传达故居

（图片来源：鼓浪屿三一堂）

觉自己竟然是睡在紫云岩上。

陈传达起身下山渡海回鼓浪屿，幸好没碰到熟人。洗澡换衣后，陈传达又照常给学声乐的学生上课。但是，躲过一劫的陈传达心里明白，自己已经受到日军的监控了。因为他多次借病推脱，不去参加军训和挖战壕，却又生龙活虎地出现在三一堂歌颂团的指挥席上，已经引起日本人的不满和怀疑了。

2. 毅然下海泅往大陆自由区

1945 年 6 月 8 日傍晚，陈传达的两名学生去港仔后他家中探望他。神色紧张的陈传达边吃晚饭边对他们说："我晚上有件很重要的而且不能泄密的事要做，是不是能够得到你们的帮助？"

两位学生表示绝对保守秘密而且坚决支持他，陈传达才跟他们讲了前一天晚上的历险故事。"但是我估计晚上那些警探一定会来抓我的。我已经决定今晚泅水到内地去，因为日本仔就要抓我，非逃不可。"

陈传达征求两个学生的意见，在哪儿下海比较安全，可否替他放风等。两位学生起初认为横渡过海不大安全，陈传达却不以为然，他说自己泅水跟人家走路一样，毫不费劲。最后，他们决定在鼓浪屿燕尾头（现燕尾山公园）下海泅往大屿或嵩屿。

6 月 8 日晚，陈传达与这两位学生瞒过四枞松（现鼓新路与三丘田码头交界处）日台人混合岗哨，到达燕尾头海边。陈传达把外衣和所带的东西包束在腰间，把领带和裤带解下，结在两腿的裤管上，穿着皮鞋就要下海游去。学生劝他把长裤和皮鞋脱下来系在腰里游出去比较妥当。陈传达却说："那没有什么关系，一千多公尺的距离，我很快就可以游过去。你们看我下海以后，就可以当我已经到达彼岸了。"

临下海前，陈传达和两位学生站着，由陈传达出声做祷告，求主照顾两位学生不碰到任何恐怖的事情，安全回到各自的家去……两位学生看着陈传达下海游出去，直到海面上没有任何动静才回家，他们以为陈传达已经成功脱离日寇的铁爪了。

次日凌晨，几个日本警探先到陈传达住处找人，扑空后来到其父陈金芳家，恐吓胁迫要他交人。如此连续三天，不分昼夜骚扰。

3. 人生之痛莫过于晚年丧子

3 日后，即 6 月 11 日傍晚，漂浮于康泰垵的尸体已明确无误证实了陈传达的死迅。人们对陈传达的死因议论纷纷。日方的宣传是，陈传达在泅渡时给嵩屿那边的岗哨开枪打死了。但大多数鼓浪屿居民认为，陈传达是被日本人的巡逻艇开枪打死的。也有人认为，陈传达游泳时随身携带的东西太重，裤管太长又不脱鞋，体力耗费过大，终于体力不支溺水而亡。最权威的说法当来自亲自收殓爱子的陈金芳了，他说陈传达右眼突出，是系短枪弹由后脑穿右眼所致。

据当年报载，是时，陈金芳抚摸着儿子已经发臭的尸体，不流泪也不号哭。只是抱起儿子的尸体，盛于薄薄的棺材。不久，曾经是老同盟会会员的陈金芳病重，继而精神失常！白发人送黑发人，人生之痛莫过于此！

陈传达究竟死于何种情况，并不重要。重要的是，陈传达死于对日本侵略者的反抗！在日据期间，陈传达作为一个台籍青年，可以享受某些所谓的"优惠政策"，过着比沦陷区厦门百姓略为平静的生活。当时，确实有些人为了做生意赢利，或仅仅是为了减少麻烦而加入日本籍，成为日籍台湾人。可是，陈传达却选择了反抗与逃亡，维护了作为中国人不可侵犯的尊严！唯其如此，他抛洒一腔爱国热情的牺牲更加可贵。

台湾籍民，作为甲午战败、马关割台这一特殊历史条件下的产物，无论对于祖国大陆，还是台湾地区，都意味着一段抹不去的沉痛记忆。直到抗战胜利后，台湾才重归祖国怀抱。对于历史，客观的反思比一味的批判和任意的涂抹来得高贵。我们在唾骂那些民族败类的同时，不能不对那些不畏强暴、舍身卫国的台湾籍民表示由衷的敬意。

今夜，我坐在离当年事发的康泰垵海滩不到 500 米的家中，海浪之声依稀可闻，仿佛应和着指下铿锵的键盘声，共同诉说着，70 多年前，一个叫陈传达的台籍青年蹈海赴死、投奔光明的故事。

诚以致富报桑梓——闽商许经权

一张发黄的鼓浪屿老照片，没有年代，没有落款，唯楼宇错落连绵，林木点染其间，八卦楼半圆的屋顶临鹭江而立，其后英华中学的操场奢侈地空旷。只有仔细地辨认才能发现，英华中学操场以南紧密楼宇中，"番婆楼"隐然其间。

照片来自于鼓浪屿收藏家洪明章的收藏。那天，在"番婆楼"主人许经权曾外孙吴米纳手中看到这张照片，自然与米纳聊起"番婆楼"及其主人许经权的故事。祖居鼓屿的著名诗人舒婷说过，鼓浪屿每一幢楼宇背后，都是盘根错节的家族宏大叙事。只能于轻微的一角，抚去岁月的尘土，那些楼宇与人事才偶露真容。

1. 先有"钻石楼"后有"番婆楼"

在鼓浪屿上千幢别墅中，"番婆楼"以其宏大巍峨、中西合璧，与"海天堂构"、"黄荣远堂"、"亦足山庄"、"容谷"等别墅成为鼓浪屿建筑的经典记忆。而"番婆楼"以西，一墙之隔的鼓山路7号——"钻石楼"则鲜为人知。

其实，早在"番婆楼"存在以前，"钻石楼"就已经存在了。它们有一个共同的主人，就是菲律宾华侨许经权。"钻石楼"建于何时，如今难以考察，但应早于1917年。是年，27岁的许经权回家乡晋江檀林奔父丧，之后举家迁鼓浪屿，购"钻石楼"而居。"钻石楼"何以名之？据"钻石楼"现任主人、许经权曾外孙吴米纳说，乃是因为该楼墙体角柱及窗户上镶嵌洁白鹅卵石，阳光照射时似钻石晶莹有光，遂为人

20 世纪 30 年代鼓浪屿中部景象，番婆楼隐然其间

（图片来源：吴米纳）

钻石楼（左）与番婆楼（右）（图片来源：吴米纳）

称"钻石楼"。

那时"钻石楼"的东边还是一块空地。许经权出手不凡，将此块地产购下，建宏伟巍峨的清水红砖楼于其上，这就是以后著名的"番婆楼"。1924 年，"番婆楼"落成。许经权本意是想让母亲蔡究（晋江人，1868—1926）在此安享晚年。

没想到，两年之后，许母溘然长逝，"番婆楼"却作为许经权一片孝心的见证留存至今。"番婆楼"也因此被人误认为是因许经权的母亲而命名，其实"番婆楼"名称之来历，据吴米纳考证，是因为其楼女墙上有高鼻深目的西洋女郎浅浮雕，才被人称作"番婆楼"，就像现在的鼓浪屿足球场过去被叫作"番仔球埔"一样。吴米纳对人们将"番婆楼"会错意很是无奈。

时隔近一个世纪，"番婆楼"早已易主。回廊空洞，雕梁半朽，门窗已蚀，庭院荒芜。几月之后，几年之后，它或许旧貌重现，但却是另一番面目——仿佛如昨，却绝非如昨。

2. 檀林许氏，客居鼓屿

1890 年 10 月 18 日，许经权出生于著名的侨乡泉州府晋江县十七八都檀林乡（现晋江市龙湖镇檀林村）。据檀林许氏族谱记载，村子有据可查的历史已有 500 多年。面积是鼓浪屿两倍的檀林村，现有人口 2200 人，而旅居海外及港澳台的乡亲却有 5000 多人。村中户户有侨亲，是名副其实的侨乡，这就解答了何以檀林村中有数百幢可以与鼓浪屿老别墅相媲美的洋楼了。

1907 年，17 岁的许经权与前清进士蔡枢南的次女、长他一岁的蔡红绫结婚，婚礼当是在檀林举行的。直到 1917 年许经权父亲许志长去

许经权（1890—1956）（图片来源：吴米纳）

许经权之女许晴霞
（图片来源：吴米纳）

许晴霞与夫君吴炎生
（图片来源：吴米纳）

世以前，许经权应该是往返于晋江檀林与菲律宾之间的。父亲去世后，深感家乡治安不靖，许经权携母亲蔡究举家迁入公共租界鼓浪屿，购"钻石楼"而居。1922 年，吴米纳的外婆、许经权的六女许晴霞出生于"钻石楼"。1941 年，许晴霞与厦门"天一楼"主人吴文渥七公子吴炎生在马尼拉喜结连理。1924 年，"番婆楼"落成。许经权的三子许书楚就出生在此楼中。许书楚之后就读于鼓浪屿英华校友小学，后来成东南亚最大的纸箱制造厂史丹迪制造公司创办者和董事长。1926 年母亲蔡究逝世，许经权回鼓奔母丧。1929 年，许经权再度返鼓，在厦门创办系列公司。

本来，许经权购"钻石楼"，建"番婆楼"，是想在鼓浪屿安居乐业的。无奈 1937 年抗战爆发，许经权迫于形势举家迁往菲律宾。直到 1956 年 9 月病逝马尼拉，许经权再也没有回到鼓浪屿居住。高堂华屋，深宅大院终成客居。

3. 送款上门，诚以致富

许经权 9 岁随父亲许志长到菲律宾马尼拉的时候，也算得上"富二代"了。其时许志长已是闻名菲律宾的"三 B"烟厂 [源于西班牙语：Bueno（好），Bonito（美）， Barrato（便宜）] 的老板。"三 B"烟厂即菲律宾第一家华人纸烟厂——泉庆烟厂。据许经权三子许书楚在其自述中说，19 世纪末，美国与西班牙为争夺菲律宾而大动干戈。西班牙不是美国的对手，又不甘心就此罢手，就想了个办法害一害菲律宾人。他们在香烟中渗入毒素，打算让菲律宾人通过吸烟而慢性死亡。一时市面上谣言四起，人心惶惶，没人敢再买西班牙所属烟厂制造的香烟。而泉庆烟厂的纸烟顿时成了抢手货，许志长因此发了一笔大财。

老爸发了财，作为独子"富二代"的许经权却没有坐享其成。虽然许经权未受高等教育，但天资聪慧。靠着勤奋与颖悟，读孔孟诗书，通英语、西班牙语。13岁，许经权任泉庆公司司库；18岁，任泉庆公司经理。泉庆公司在许经权的精心经营下，信誉卓著，业务蒸蒸日上，可惜后来毁于二次大战的日军炮火。

这样过硬的"童子功"，为许经权以后创办自己的企业打下了坚实的基础。1918年，许经权在厦门创办美南信局；1929年，许经权再度回厦，创办溪安汽车公司、永安酱油公司、顺庆银庄、德舆地产公司、唐山船务公司。业务涉及金融、地产、实业、运输等多个领域。1937年，许经权返回菲律宾，创办中菲汇兑信托局。不惑之年，许经权已然成为颇具实力的成功商人。

许经权经商，并不是只赚不赔，一点挫折都没有。实际上，顺庆银庄创办后，由于用人不当，导致很多放款无法收回，许经权只好没收了一些不值钱的地产。1937年，许经权决定举家迁菲律宾时，特地从马尼拉把积蓄多年的国币30多万元（约美金10万元）汇回厦门，清理客户存款。不仅如此，许经权还派人按照地址挨家挨户地把钱款送到客户手中。许经权送款上门这一义举不仅传为一时佳话，还为他赢得了当时中国银行厦门分行行长黄伯权的信任，后来许经权在菲律宾创办中菲汇兑信托局就是得益于黄伯权的支持。其实，正是靠着诚实做人、坚守信用，许经权的生意才越做越大，越做越好。

4. 乐善好施，服务桑梓

作为一个事业有成的华侨商人，许经权秉承了当时华侨乐善好施、回报乡里、回馈社会的优良传统。就在许经权出生的那年，1890年，

许经权参与捐建的群惠小学（图片来源：吴米纳）

许经权的父亲许志长在菲律宾赚到第一桶金后，就回家乡檀林捐建私塾"养兰山馆"，这是檀林第二所由华侨捐建的私塾，第一所私塾是由前辈旅菲华侨许逊沁（人称"番沁"）捐建的"绿野山房"。此外，每逢初一、十五日，许志长都会施赈给邻乡贫苦人家。来者不仅可以领到一个银圆，还能饱餐一顿。许经权耳濡目染，子承父志，也乐意周济穷苦。有人向他借贷，他从不推辞。许经权三子许书楚在其自述中说，许经权曾向他出示过一本记得密密麻麻的账簿，对他说这不是留给他以后追债的，而只是用作参考的一本记录而已。对于桑梓宗祠，许经权更是乐于回报，他首捐巨资修葺洛阳桥和溪安公路，造福乡里。对于乡亲宗祠，许经权更是热心的参与者和实际的支持者，他担任旅菲烈山五姓联宗会、许氏家族会、檀林同乡会等宗亲机构要职。

许经权居鼓浪屿的时间并不长，但却热心地方事务。他不仅积极投身于鼓浪屿公共事务，担任鼓浪屿电灯公司、鼓浪屿救世医院的董事，还是厦门群惠小学的校董。特别值得一提的是，许经权因救济抗日志士，于1941年9月被日本人拘捕17日。

"其治事也谨，其约己也严，故人皆敬之。"1956年9月27日许经权病逝马尼拉，其乡亲好友、著名企业家、华侨社会活动家、厦门市首任市长兼思明县县长许友超（1900—1963）在纪念许经权的文章中如此评价，其言也真。

"宁有故人可以相忘"——邵建寅先生

2012年初二的午后，有幸与邵建寅先生会面。这也是我第三次见到邵建寅先生。每一次，都被他和他美丽的夫人深深打动。不为他们青春的容颜，只为他们不老的笑颜，纯净平和，风轻云淡，仿佛与生俱来，从未改变。坐在他们面前，不知不觉，你也会浮现笑脸。

几乎每一年，邵建寅先生都会偕夫人回乡，即使故乡鼓浪屿只能隔岸相望，即使母校厦门大学也只可情寄一厢。时年已是米寿之年的邵建寅先生，依然偕夫人回厦门过年，是对故乡鼓浪屿落叶归根的眷恋，更是对母校厦门大学无法褪去的爱恋。

邵建寅是菲律宾功成名就的实业家，身兼数家房地产公司和实业发展公司董事长。但实业的成功只是为他实现人生理想提供了坚实的物质保障，他人生价值真正的实现在于百年树人的事业。教育，只有教育，才是邵建寅孜孜以求、百折不挠、无怨无悔的终生追求。

邵建寅身在菲律宾，目睹始于1899年的菲律宾华文教育日渐式微，特别是1976年马科斯执政后对在菲华校实行全面菲化，华文教育更是雪上加霜。邵建寅痛感于此，于1989年临危受命，接受创办于1939年的菲律宾中正学院的邀请，出任中正学院院长。其时，邵建寅63岁，公司生意风调雨顺一日千里，本可以驰骋商海日进斗金，也可以功成身退周游世界，但邵建寅却对中正学院情有独钟。他披挂上阵，殚精竭虑，夜以继日，5年的时间并不漫长，但中正学院却面貌一新。员工待遇之改善、教学素质之改进、图书仪器之添置、校舍设备之扩充以及制度建立人才培植，等等，邵建寅运筹帷幄，呕心沥血。更令人

青年邵建寅

（图片来源：邵建寅）

邵建寅伉俪

（图片来源：邵建寅）

邵建寅婚礼照

（图片来源：邵建寅）

钦佩和感动的是，邵建寅将 5 年的院长薪金全部捐出。其中，部分薪金以中正学院名义设立"中正学生文学创作基金"，奖励勤于笔耕的学生；部分薪金以中正学院名义捐赠菲华校联作为活动基金；余下的以中正学院名义设立优秀教职员奖励基金。1993 年，邵建寅先生发起组织全菲华文联合会，会员遍及全菲 125 家华文学校。20 年后，2013 年 11 月 7 日，邵建寅先生当之无愧地被该会授予"华文教育终身成就奖"。邵建寅在受奖演讲中重新提出："菲律宾华文教育的大方向应是要栽培拥有中华气质的菲律宾公民。"年虽望九，心犹不已。

其实中正 5 年，是邵建寅投身教育的一个起始点。作为厦门大学 1947 届机电工程系毕业生，邵建寅心中对母校厦门大学有挥之不去的情结。抗战时期厦门大学迁长汀办学，邵建寅有幸亲聆校长萨本栋的教诲。萨本栋校长"无私无我，牺牲奉献"的精神一直激励和鼓舞着邵建寅。无论激战商场还是致力教育，邵建寅都躬行不殆。多年后，邵建寅终于有了回报母校的机会。1991 年，厦门大学 70 周年校庆，邵建寅怅然于萨本栋首创的机电系不复存在，遂萌生重建机电系的愿望。1998 年 10 月，邵建寅作为机电系校友代表正式向厦门大学校方提出恢复机电工程系的三点建议：一是恢复机电工程系，二是创立萨本栋机电研究中心，三是拟定"微机电系统"研究计划。厦门大学接受邵建寅等校友建议，即于 1998 年 11 月建立"萨本栋教育科研基金会"，邵建寅担任基金会主席。1999 年，邵建寅毅然捐资 400 万人民币，建厦门大学"萨本栋微纳米研究中心"，冠名"亦玄馆"。2005 年，厦门大学 84 周年校庆之际，邵建寅应邀撰写新落成的颂恩楼志。颂恩楼为邵建寅的好友，厦大校友丁政曾、蔡悦诗夫妇捐建。厦大校长朱崇实在讲话中对邵建寅的人品文采倍加赞赏。近两年，邵建寅又捐资将厦大校友楼修葺一新，命名为"怀贤楼"。为了纪念恩师萨本栋，2001 年，邵建寅先生在山东大学设立"长汀奖学金"。

邵建寅的捐赠并不止于母校厦门大学，但凡有利于教书育人，邵建寅都乐于慷慨解囊。福建师范大学的前身为福建协和大学，是早于厦门大学的教会大学，邵氏子弟大多求学于此，邵家由此先后出了十来位教授博士。饮水思源，为感谢协和大学的培养之恩，更为了激励后进，培育新人，邵建寅先生于 2007 年捐巨资建可以容纳数千人的福建师范大学图书馆，命名为"又玄图书馆"。

鉴于邵建寅的深厚学养和对教育的巨大贡献，厦门大学、山东大学和福建师范大学先后礼聘邵建寅为名誉教授。如此殊荣，邵建寅当之无愧。

是什么，让邵建寅如此醉心教育？我以为，是教育本身薪火相传的力量，是陈嘉庚毁家兴学精神的传承，也是邵氏家族重教传统的影响。

"去年我在菲律宾，接到一个电话，他说要找邵建寅，因为邵建寅是他 69 年前的老师。他找了大半个地球找到我，只为了见一见 69 年前的老师。他是谢希哲，是一位土木工程师，是复旦大学前校长谢希德的弟弟。我 1943 年考进厦门大学机电系，大二的时候在长汀乐育小学勤工俭学当老师，谢希哲那时是小学 6 年级学生，我教过他。我们在菲律宾见了面，彼此都很激动喜悦。我想这就是教育的力量。"邵建寅讲的这个故事是一个注脚，也是一种印证，道出了他执着教育的原动力。

对教育的原动力还来自于邵建寅的父亲邵庆元。邵庆元是鼓浪屿毓德女子中学的校长，与林语堂同龄，是寻源书院的同学，是正经八百的"发小"，但邵庆元却无端比林语堂低了一个辈分。原来，邵

邵建寅伉俪和孩子

（图片来源：李秋沅）

邵建寅夫妇在其捐建的福建师范大学又玄图书馆前

（图片来源：邵建寅）

庆元的父亲邵子美娶的是林语堂的表姐许以斯帖，两家说起来是"面线亲"。林语堂在厦门大学国学院当院长和教授的时候，邵庆元是林文庆校长的秘书，兼任出纳簿记课主任和文学院国文讲师。所以他们又是厦大的同事。虽然邵庆元没有像林语堂一样走向世界，但其诗词、音律、英文、国学功底可一点不比林语堂差。他将一腔热情与满腹才华都投入鼓浪屿教育之中。1930—1938年，邵庆元担任毓德女子中学校长，一改教会学校"培养基督化家庭的贤妻良母"的教育宗旨，大力倡导为国家培养具有"明敏观察力、缜密思考力、健全判断力、刚毅致果力的集体生活中的人"。邵庆元的母亲许以斯帖、邵庆元的夫人陈月珍、林语堂的夫人廖翠凤、前年以93岁高龄逝世的厦门二中退休老师朱昭仪，都是毓德女子中学的高才生。

鼓浪屿邵氏家族投身教育的，远不止邵庆元一人。邵庆元的二妹夫沈省愚是鼓浪屿英华书院校长，二妹邵友文是怀仁女中校长。鼓浪屿之外，邵庆元的弟弟邵庆彰是菲律宾圣经神学院院长，四妹邵锦缎是福建协和大学的老师，四妹夫李来荣是福建农学院院长，大妹夫麦邦镇是同安启悟中学校长。鼓浪屿邵氏一门两代出了10位校长，9位教授，是名副其实的书香门第、教育世家。生于这样的家族，也就不难理解邵建寅对教育的一腔痴情了。

"教育家就像一个面向苍穹浅唱低吟的人，虽然他当时不知道是否有人听见，但是总有一天会发现他的歌声已经进入了一些人的心灵。"邵建寅此言，不知已进入了多少人的心灵，至少我是其中之一。

"今我来思，雨雪霏霏。"得遇长者，三生有幸。

当岁月穿过音符——朱思明教授

游客到鼓浪屿，多半慕名而至，而"音乐之岛"、"钢琴之岛"的响亮名头招来的往往是名不符实的惋惜与叹息。但是鼓浪屿的天空可以作证，当年的鼓浪屿曾经琴声悠扬，歌声缥缈，斯人如诗。而今，我们无法也无意还原过去，但总有一些人，总有一些事，勾起人们对那个岁月的怀想与记忆。

认识朱思明先生，是一个偶然的机会。一个细雨霏霏的早上，在鼓浪屿二中他姐姐的家中，我有幸坐在他的面前，是期待已久的会面，还是不期而遇的相见？一个生于斯长于斯的"正港鼓浪屿人"与一个居于此行于此的资深鼓浪屿居民，谈起的，自然是一场鼓浪屿曾经的水月风花。

面前的朱思明先生，鹤发如雪，面如童颜。虽然起坐已需人相助，但他端坐的姿态依然健朗，他安详的微笑让人澄静。而朱思明先生娓娓道来的鼓浪屿往事则让时光回到从前。

朱思明于 1923 年 12 月 16 日生于鼓浪屿一个虔诚的基督教徒之家与教育之家。与许多早期迁居鼓浪屿的家庭一样，教会对他们的生活产生了不可忽视的影响。朱思明的祖母早年守寡，拉扯几个儿女艰难度日。当时美国归正教会引领祖母信基督教，在教会的安排下，祖母带着小姑母在田尾路的妇女福音学校学罗马字。

朱思明的父亲朱鸿谟一生从教，是当时鼓浪屿公认的杰出教育家。早年在教会办的养元小学上学，与林语堂的三哥林憾庐（即林和清）是同学。小学毕业后，朱鸿谟就读于鼓浪屿寻源书院；寻源书院毕业后，任教于竹树堂宗文小学。1920 年，毓德女中成立，朱鸿谟调至毓德女中任数理化教员，直至 1941 年太平洋战争爆发，前后在毓德女中从教21 年。1947 年，任养元小学校长。张圣才、庄吉甫、黄祯德、洪得胜等曾经都是朱鸿谟的学生。朱思明的姐姐，毕业于厦门大学历史学系，多年在鼓浪屿二中任教。而朱思明本人，则于 1946 年厦门大学理工学院机电系毕业后留校教书。1953 年全国院系调整，朱思明调至上海华东理工学院，教授工程机械专业。

一门之中，三代基督徒。一家之内，两代教师。家风所传，何止桃李？

如果说是教育之家，使朱思明一生手执教鞭，成为一位深受学生爱戴的大学教授的话，那么基督徒之家，则使音乐成为朱思明一生最忠实的伴侣与最温暖的回归。

老一辈的鼓浪屿人，当还记得那个为鼓浪屿的夜莺颜宝龄钢琴伴奏的少年朱思明。当年鼓浪屿的教堂与厅堂，歌如美人，琴似少年郎。夜莺的歌声与少年的琴声天衣无缝，被海风吹拂于鼓浪屿的枝头树梢、深宅小巷。即使无缘亲聆，至今可以想象，至今让人怀想。

朱思明秉承了父亲朱鸿谟的音乐天赋。朱鸿谟是优秀的男低音，又是鼓浪屿"三一堂"唱诗班的组建者之一。而真正把朱思明带入音乐殿堂的，是闵加力牧师的夫人闵牧师娘（Stella Veenschoten）。

1917 年，闵牧师娘随丈夫，美国归正教传教士闵加力（Henry Veenschoten）到中国，主要在漳州教区传教。闵牧师娘热心公益事业，尤其是公共音乐活动。她频繁往返于漳鼓之间，指导毓德女中的音乐活动，主持排练小歌剧《一朵小红花》。三一堂落成后，她担任三一堂歌颂团顾问。颜宝龄就是在这时被歌颂团推荐，有幸成为闵牧师娘的弟子。

那时鼓浪屿教会办的小学大多有福音礼拜唱诗班，每星期天各校唱诗班轮流到福音堂唱追思歌。朱思明是养元小学唱诗班的佼佼者。大约10岁时（1932年或1933年），朱思明在一次唱诗班的合唱中担任领唱。"乐育为怀兮教诲恩深，毁家兴学兮世难寻"，朱思明至今还记得这首歌。正是这一次出色的领唱，把朱思明带到了闵牧师娘的面前。优秀的乐感、纯净的童音，给音乐造诣颇深的闵牧师娘留下了深刻的印象。闵牧师娘当场表示愿意收朱思明为弟子，免费教授他弹钢琴。

但直到1937年，闵牧师娘从漳州教区搬到鼓浪屿定居后才有机会实现这一诺言。鼓浪屿田尾路三落（现干部疗养院），是朱思明和闵牧师娘的其他三个中国学生每周一次必然光顾的地方，其中就有颜宝龄。不仅上课是免费的，甚至连乐谱，闵牧师娘都免费提供给她的学生。除了严格的钢琴训练，闵牧师娘还强调学生全面能力的锻炼，所以她要求朱思明不断地读谱和抄谱，苦练基本功。1947年的暑假，朱思明应闵牧师娘之邀，在漳州跟随闵牧师娘愉快地学习了一个月。"闵牧师娘对我影响很大，我至今感恩她。"朱思明说起闵牧师娘，至今感怀不已。这种感恩在朱思明以后的岁月里不断散发出人性温暖的光芒。举凡学校或社会各种公益活动，他都积极参加，而从来想不起什么报酬；对于求助或求学的学生，都尽己所能，或慷慨解囊，或免费施教。"因为我的老师闵牧师娘就是这样教我的。"朱思明平静地说。而每年春节看着学生们从世界各地寄来的贺卡，成了他最幸福的时光。

优越的音乐天赋、丰饶的音乐土壤，培养的不仅是一种爱好、一种技能，更是一种生活方式的提升，一种自我心灵的依托。这或许是许多像朱思明一样颇有音乐天赋而又音乐造诣颇深的早期鼓浪屿人，

朱思明的父亲朱鸿谟先生
（图片来源：《厦门第二
中学百年校庆纪念册）

闵加力牧师娘闵义群辉
(Mrs. Stella E. Girard Veenschoten)
1917—1951 在漳厦地区传教
（图片来源：《美国归正教在
厦门 1842—1951》）

1941 年三一堂会第六届庆祝圣诞歌颂团摄影留念
（后排左三为朱思明，左四为朱鸿谟，前排左五为颜宝龄）

为什么最终没有选择音乐作为终生职业的原因吧。出于实业报国的思想，朱思明于 1942 年 10 月考上厦门大学理工学院机电系，从此一生致力于机械工程研究与教学。他是新中国机械工程领域高等教育体系的开拓人之一，他编著的《化工设备机械基础》至今仍是该专业全国通用教材。

可是音乐与钢琴，始终是他最忠实的朋友和最惬意的享受。1944年年底，还是厦门大学学生的朱思明，与当时福建省国立音专保加利亚籍小提琴教授尼格罗夫，在厦大长汀的舞台上，演奏出一曲曲动人的乐章。提琴如风，钢琴如波，长汀的天空琴声悠扬……

琴声悠扬，在长汀的天主教堂，在厦门的中华戏院，在鼓浪屿一个细雨霏霏的早上……

那庭院深处流淌出的清脆琴声，那唱诗班传出的响亮童音，莫非只可遥想，已成追忆？

有多少人，淡去了，消失了，远逝了，而他们奏响的音符，他们美妙的歌喉，他们宁静的眼神，与他们明净的心灵，成为一个时代远去的背影，构成一方地域沉淀的底色，让人追思，让人怀想，让人感伤。

鼓浪屿的一棵树——林世岩校长

　　林世岩校长今年年届 90，居鼓浪屿 80 多年。从养元小学的学生到人民小学的校长，林世岩见证了鼓浪屿 80 多年的沧桑巨变，亲历了鼓浪屿的荣辱兴衰。鼓浪屿的每一条小巷、每一幢楼房、每一家店铺、每一个街坊，林世岩即使不都了如指掌，也是如数家珍。舒婷说，她是鼓浪屿的一根幸运的木棍，是自谦，也是骄傲。我说，林世岩是鼓浪屿的一棵树，根脉相生，穿墙越壁，与脚下这块丰饶的土地深深地融为一体。

　　鼓浪屿复兴路 19 号，林世岩校长的家中。三楼平台上，秋后的阳光纯净透明，不远处的海水，波光荡漾，像此时面前的林世岩校长，波澜不惊，从容安详。

　　一个年届 90 岁的老人不可能没有故事，他的故事要从 30 年前一次不同寻常的邂逅讲起。

1. 鼓浪屿街头，50 年后的邂逅

　　1985 年 5 月的一个下午，阳光照耀下的鼓新路。林世岩像往常一样步行去笔山小学上课，一个金发碧眼的美丽妇人在林世岩面前停下脚步。于是有了以下的对话：

　　"Sorry, could you tell me where is the Hope Hospital?"（请问救世医院怎么走？）

　　"Do you know Dr. Hollimen?"（你知道夏礼文医生吗？）

　　"My father!"（我父亲！）

"So do you know Eonow?"（那你知道埃诺吗？）

"Me！"（是我！）

"Me，Se-gan!"（我，世岩！）

当林世岩报出自己的名字，美丽的妇人不禁激动起来。两双不同颜色皮肤的手紧紧地握在一起。

就这样，50 年后，两个童年的伙伴相逢在鼓浪屿的街头。这位小名 Eonow，大名叫 Holly 的妇人就是当时鼓浪屿救世医院院长夏礼文医生（Dr. Hollemen）的女儿。

时光倒流 50 年，林世岩还是一个不到 10 岁的小小少年。当时，林世岩的母亲是夏礼文家的厨师，夏礼文夫人是林世岩的英语老师。林世岩跟 Eonow 年龄相仿，经常在一起玩。童年的笑声回荡在田尾路的沙滩，姑娘楼前的井边。林世岩至今一口标准的美式英语，恐怕要感谢他最早的老师 Eonow 吧。

几个月之后，Eonow 托当年鼓浪屿救世医院的护士长 Miss Veldman 从美国给林世岩带来一张照片。照片上，正是林世岩与 Eonow 相遇鼓新路的瞬间。照片的背面写着：

Principle of primary school who used to play with Holly (Eonow). (His mother was her father's cooker.) A meet in Gulangsu near the school.

意为："小学校长，他以前常跟 Holly (Eonow) 一起玩。（他的母亲以前是她爸爸的厨师。）相遇于鼓浪屿的学校附近。"

岁月流转，时代变迁。童年的小伙伴风云流散。50 年后邂逅于旧地，一个已年过半百，为人师长；一个已白发如雪，体态雍容。这样的不期而遇，惊喜之外更多感慨：逝者如斯，唯有记忆，美好的，与酸楚的。

Principle of Primary School who
used to play with Holly (Ewnow)
(His mother was her folk's cook)
on street in Hulangsu near
the school.
JVeldman
69 E. 10th St.
Holland Mi. 49423
USA

林世岩与 Eonow 鼓浪屿邂逅照片背后 Eonow 写的文字说明

（图片来源：林世岩）

1985 年林世岩与 Eonow 邂逅鼓浪屿（图片来源：林世岩）

2. 民国年代，两个"番客婶"的故事

往事如烟。林世岩讲起过去，最刻骨铭心的是母亲与姨妈的艰辛与坚韧、慈爱与慈悲。

1928 年农历十月初六日，林世岩生于同安刘五店。还在母腹中三个月的时候，父亲抛妻弃子到新加坡谋生，从此杳无音信，不知所终。没有钱，没有亲人，没有依靠，母亲带着幼小的林世岩，靠着给别人做针线活，勉强度日。

实际上，林世岩母子并不是没有亲人。至少姨妈洪谦英就是他们的亲人。此姨妈并不是亲姨妈，但比亲姨妈更亲。因为相同的命运，两个女人走在了一起，情同姐妹。

姨妈也是个苦命的女人，婚后不久，姨妈的丈夫就到越南做生意，在越南另娶家室。姨妈没有生育，买了个儿子做养子，母子俩也算是一个家。好在姨妈读过私塾，识文断字，自学中医，专看小儿病，日子本来过得去。可是不久竟忧郁成疾，得了肺痨，这在当时是不治之症。母亲到姨妈家帮做针线，照料家务，悉心照顾姨妈生活起居。从此两个苦命的女人互相帮助，相依为命。

可是家乡也待不下去了。在林世岩 3 岁的时候，同安土匪横行，姨妈一咬牙，带着养子和林世岩母子到鼓浪屿谋生。姨妈拿出平时积攒的 2000 银圆，在鼓浪屿鹿礁路 17 号（现复兴路 19 号）买下 6 厘地的房屋。从此，林世岩在此定居下来，直到今天，已 80 多年。

在鼓浪屿，母亲在救世医院院长、美国人夏礼文家做厨师，姨妈肺痨咳嗽很严重，只能靠吸鸦片镇痛。家中的日子过得很艰难。

屋漏偏逢连天雨。姨妈有一个不务正业的哥哥，经常向姨妈伸手

讨钱。姨妈不胜其烦，穷于应付。有一次姨妈的哥哥因为没有在姨妈那儿要到钱就怀恨在心，向工部局报告姨妈吸鸦片，工部局即派巡捕来抓姨妈。情急之下，林世岩的母亲挺身而出，说吸鸦片的是我，你们要抓就抓我吧。巡捕真的就把母亲抓走了。第二天夏礼文院长不见母亲来上班，打电话指责工部局乱抓人。工部局把母亲放回来，但还要抓姨妈，最后以罚 200 银圆结案。经过这一场惊吓，姨妈的病情更加重了。

姨妈知道自己不久于人世，急着要养子成婚。母亲回家乡物色了一个 16 岁的姑娘，姨妈甚为满意。就在姨妈养子办喜事的当天，姨妈撒手而去，年仅 42 岁。临终时姨妈一再跟母亲叮咛一定要看好这个家，她的灵魂会庇佑他们的。当时，林世岩在养元小学上二年级。姨妈的养子成婚后，远走越南谋生。临走前，交代林世岩母亲一定不要离开这个家，他一定会挣钱供养他们母子的。可惜后来抗战爆发，林世岩母子与姨妈养子失去联系，一别竟成永别。

母亲牢记姨妈的嘱托，一直坚守家园，照看姨妈的墓地，在家供奉姨妈的香案。数十年后，母亲临终时，一再交代林世岩一定要把她和姨妈合葬在一起。林世岩遵照母亲遗愿，把她们合葬在一起，同寝长眠于九泉之下。

林世岩对姨妈的感恩丝毫不亚于对母亲的感恩。"是姨妈救了我一命啊！"林世岩讲起姨妈感戴不已。"我小学一年级的时候，一天放学不小心从楼梯摔下来，头部撞到石板上，昏迷了一个多星期，头部软瘫，生命垂危。医生都不敢医治了。就在这紧要关头，姨妈用自制的药方把我从死亡线上拉了回来。"

至今在林世岩的家里，姨妈的遗像与母亲的遗像并排而挂。两个先后而亡的女人，在林世岩永恒的怀念中当该含笑而眠吧！

3. 艰难时世，苦乐年华

林世岩出生的年代，时值军阀混战，世事艰难，且同安土匪猖獗，鼠疫流行。林世岩家世辛酸，也是那个年代贫民家族的一个缩影。

林世岩的祖母早年守寡，买一子一女，在儿女不及 10 岁时，祖母患鼠疫而亡。按祖母临终时的遗言，他们长大就成了亲，这就是林世岩的父亲和母亲。在林世岩还是三个月胎儿的时候，父亲远走南洋谋生，从此一去不归，再无音讯。林世岩实际上成了个遗腹子。

林世岩的外祖母也早年守寡，舅舅干活时被牛角所伤，不治而亡。一家三代，只剩下三个人。林世岩上无叔伯，下无兄弟；家中上无片瓦，下无寸土。讲起辛酸的往事，林世岩不禁哽咽难语。

3 岁时，林世岩随母亲和姨妈到鼓浪屿谋生。母亲凭着一手好针线和好厨艺，在洋人家打工。当时在鼓浪屿给洋人打工，也分两种。一种是给领事馆、海关、税务司打工，不仅薪水高，还有养老金等福利保障。另一种是医生、传教士用工，除了做一些家务杂活外，主要是为了跟当地人打成一片以便学闽南话，不仅薪水不高还没任何福利保障。林世岩母亲上午在田尾路三落给闵加力牧师夫人、福懿慕姑娘熨洗洒扫，中午到林尔嘉儿子林克恭家干活，下午到丹麦大北电报楼做杂活。一个地方的工钱一个月也就三四十斤米。晚上也不得闲，经常接些针线活做到深夜。

家境如此贫寒，母亲日夜劳作，分秒必争地干活也不足以养家糊口。为了减轻母亲的负担，林世岩下了课除了完成作业还要捡柴烧火。作业做不好老师要罚，捡柴回家晚了母亲要担心。放了假，林世岩还

林世岩的母亲　　　　　　　林世岩的姨妈洪谦英

1941年林世岩养元小学毕业照　　　林世岩与母亲

（图片来源：林世岩）

得打零工贴补家用。给洋人家草坪修草地，挑水卖给牧师和有钱人家，还帮洋人带"洋小鬼"（当时的鼓浪屿人对洋人孩子的称呼）。无忧无虑的童年对于林世岩来说真是遥不可及。

这一切虽辛苦，但林世岩都毫无怨言，可是随后太平洋战争爆发了。"有一天早晨我们去上学，发现英华学校门口，日本人押着我们校长往日本人的博爱医院走。"多年以后，林世岩依然记得那个可怕的早晨，所有的洋人都被集中在日本人的博爱医院里。日本人控制了整个鼓浪屿，工部局完全被日本人把持。各国领事、传教士纷纷回国，鼓浪屿一下子成了"死岛"。洋人走了，林世岩的母亲也失业了，家里的生计更无法维持了。林世岩只好辍学，先做小贩，卖油条糕饼，可是买得进卖不出，赚不了钱还赔钱。没办法，只好去跟人家做苦力，赚取微薄的血汗钱聊以为生。林世岩先到永福船公司，又到瑞记布庄当童工。后又到永可成百货商场当伙夫、厨工。"东家是龙海人，对小工张口就骂，伸手就打。从早干到黑，一刻都不能休息，一点人身自由都没有。最让我不能忍受的是，一个月才放我们回家一次。我想念妈妈，担心她一个小脚女人到禾山割草回鼓浪屿会不会掉进海里。不能见到妈妈是比什么肉体折磨更痛苦的事情。"林世岩忆及当时之苦难，犹自摇头叹息。

万般无奈之下，林世岩母子只好和大多数贫苦人家一样，按日本人的安排撤离鼓浪屿。从黄家渡到大屿岛，从大屿岛到嵩屿，再到海沧，到石码，林世岩母子随难民四处辗转，无处可栖。同安老家已无亲人，但毕竟是老家。从石美到角美，从角美到顶尾，林世岩母子一路问寻，终于回到老家同安刘五店。

回到刘五店，依然是家徒四壁。林世岩靠给人家挑面粉、讨小海、拔花生、抓文昌鱼，勉强维持生计。终日奔波，冷热寒暑，林世岩得了疟疾，面黄肌瘦。母亲一筹莫展，只有求神拜佛。1945年8月的一天，林世岩在山上拔花生，听到山下锣鼓大响："太平了，太平了，日本鬼子投降了！"林世岩祖孙三人才扶老携幼回到鼓浪屿。

终于迎来了抗战胜利，却又内战再起。"爬出了火坑，又掉入了冰窟"，林世岩追忆往事，不胜唏嘘，"当时是米价一日三跳，老百姓上吊，市长睡大觉。"出路何在？面对未来林世岩一片茫然。

自1941年养元小学毕业后，林世岩因为太平洋战争爆发不得不辍学，当小贩、做苦力，与母亲一起苦苦支撑着这个祖孙三代三个人组成的家。可是只有小学文凭怎么能在社会上谋生呢？林世岩迫切地想读初中，邻居一个好朋友郑文正出了个主意："我们想办法弄一张证明，从初三读起，读一年，就可以拿到初中文凭了。"正好林世岩家后山（升旗山）住着同文中学的叶老师。他很同情他们想上学的急切心情，就给他们开了张同文中学的肄业证明。拿着这张肄业证明，林世岩和郑文正顺利地在英华中学的初三年级报了名。当时英华的教务主任是蔡丕杰先生，他也是林世岩的英语老师。林世岩的文科好，参加全校三民主义作文比赛得了第三名、英语演讲比赛第一名。因为没上初一初二直读初三，数理化真让他头疼，只好挑灯夜战、夜以继日地攻读才能勉强应付考试。

尽管有数理化让林世岩大皱眉头，但唱歌、学英语和一些进步同学往姑娘楼上刷标语，林世岩在英华中学的学生时光过得丰富充实而快乐。无论是信基督教的老师还是参加地下党的老师，对家境贫寒、勤奋用功的林世岩都关爱有加，备加关怀，让林世岩深感温暖。

可是不幸再次降临。1948年，英华中学组织学生体检，校长把林世岩叫到办公室，告诉他被查出患了肺病。这无异于晴天霹雳，肺病在当时是不治之症，还是富贵病。医生要求林世岩要绝对卧床休息。家里本来就一贫如洗，哪来的钱治病？母亲日夜操劳，林世岩哪里躺得住？

生活似乎再次陷入绝境。就在这个时候，救世医院的护士长 Miss Vennem 向林世岩伸出了援手，她让林世岩每周一次到救世医院进行打气胸治疗。打气胸是当时肺病最先进的治疗方法，治疗费昂贵。救世医院免费给林世岩打了一年气胸，林世岩的病情有了好转，但仍不能正常干活。林世岩想到外祖母、母亲无人赡养，而他正当年华却又得此大病，真是痛不欲生。"不行，为了妈妈，我一定要活下去。不能让白发人送黑发人。"凭着报答母亲的强烈的愿望，凭着强烈的求生欲望，林世岩坚决不肯卧床休息。他依然坚持上课，坚持做一切他能做的事情，还在福音堂办的民校当过校长（义工），而肺病就在林世岩不屈不挠的搏斗中奇迹般地痊愈了。

1949 年，养元小学校长朱鸿谟介绍林世岩到养元小学当代课老师。从此，林世岩开始了近 40 年的小学老师生涯。以后林世岩先后当过养元小学、笔山小学、康泰小学、人民小学的校长。从养元小学的学生到各个小学的校长，林世岩是鼓浪屿小学教育的亲历者、实践者和见证者。回想此生，林世岩非常满足，因为艰辛坎坷的人生和九死一生的经历，更因为桃李满天下的欣慰和安详充足的晚年。

卷三

彼时红颜

繁华落尽冰汲水——周淑安

1908 年 10 月 30 日，厦门南普陀寺前演武场，一个女声童音清亮，歌声与美国国旗一同飘扬在风中。这位用英文唱美国国歌，欢迎来华访问的美国大白舰队三千官兵的领唱女孩，名周淑安。"就是美国小孩，也很少唱得这么好！"美国舰队司令额墨利以后一定会为他这句话得意。因为，这个女孩实在太对得起他的这句话了。

谁都无法估量，这次在美国舰队面前的亮相，对 14 岁的周淑安意味着什么？她也许怎么也没有想到，6 年后，1914 年，她将作为中国第一批 10 名公费留美女学生之一远渡重洋，求学哈佛大学拉德克里夫女子学院（Radcliffe College），主修音乐、美术、语言。逢暑假，亦到康纳尔大学（Cornell University）的音乐师范学院学音乐教授法、合唱指挥和作曲理论。同时还在波士顿新英格兰音乐学院（New England Conservatory of Music）进修声乐、钢琴和视唱练习课程。1919 年，周淑安获哈佛大学文学学士学位。

如果说，哈佛大学为周淑安打下了坚实的艺术基础，那么，鼓浪屿则培育了周淑安最初的音乐天赋和音乐热情。

距 1842 年雅裨理（David Abeel）到达鼓浪屿半个多世纪后，1894 年 5 月 4 日，周淑安生于鼓浪屿。鼓浪屿早已琴声飘扬，从教堂，或者从学堂传出。周淑安的幸运在于，她想听不到琴声都难。她的父亲周之德先生，是鼓浪屿和厦门早期为数甚少的华人牧师。在厦门的新街礼拜堂，或者竹树堂，或者 1903 年以后的鼓浪屿福音堂，周淑安跟着她的父亲，或做牧师娘的二姐周淑俭，听清澈的歌声伴随低沉的风

青年周淑安（1894—1974）

（图片来源：白桦）

晚年周淑安

（图片来源：白桦）

琴声，穿过穹庐响彻云天。那时，钢琴在鼓浪屿还有稀有"物种"吧。要到1913年，丰神俊朗的菽庄主人林尔嘉才将钢琴搬进他的菽庄花园。在此以前，1912年，周淑安已赴上海中西女塾读书。

从此远离家乡，从此漂洋过海，从此南来北往。广州、上海、美国、沈阳，周淑安的足迹由南而北，由国内而国外，远行或驻足，都与音乐有脱不开的千丝万缕的联系。1928年，作为上海国立音乐院（即后来上海国立音专，现上海音乐学院前身）首任声乐组主任，周淑安、萧友梅、黄自共同缔造了中国第一所高等音乐学府——上海音乐学院。为了西洋音乐在中国的传播与推广，周淑安不遗余力，倾力而为。不仅如此，她更大胆地探索西洋音乐与中国民族音乐的融合。家乡鼓浪屿给了她创作的灵感，她根据厦门和鼓浪屿特有的佛教吟诵式音乐，借西洋音乐的形式，创作了一部《佛门》，一时民间颇为流行。周淑安又创作摇篮曲《安眠曲》，歌词用的是闽南家喻户晓的童谣："挴挴悃，一暝大一寸；挴挴惜，一暝大一尺。"可见，乡音是永远的音符。

短暂的回乡，是1925—1927年期间，周淑安任厦门大学音乐研究员兼合唱指挥，是厦门大学最早的音乐教师。其时，福音堂早已建成。这里是二姐夫陈秋卿牧师和二姐周淑俭的"地盘"。"幼徒会"，是二姐周淑俭苦心经营的一块福音田。每逢礼拜日，周淑俭将随大人一起来的小孩子们组织起来，教唱歌，学弹琴。不知多少孩子，从此迷恋上音乐，成为一辈子根深蒂固的生活习惯和甘之如饴的生命慰藉。那时候，很多人跟周淑俭学弹琴。于前年逝世的93岁高龄的朱昭仪老师，曾经就是"幼徒会"的小朋友。她对周淑俭的音乐天赋赞不绝口："她也很会唱歌，他们这家人的音乐细胞很发达。她对鼓浪屿的音乐启蒙功不可没。如果她像周淑安那样到美国留学，恐怕会超过妹妹的成就。"

周淑安回来省亲，也到过"幼徒会"，指导小孩子们唱歌弹琴。这或许是周淑安留给家乡鼓浪屿仅有的痕迹。

1920年，在上海，周淑安与我国第一位留美公共卫生专家、漳州人胡宣明博士结婚。1948年，胡宣明提前退休，生活便更加清苦。1959年，65岁了，周淑安还应沈阳音乐学院之邀作北国之行。北国之冬，千里冰封，以南国温柔乡，以老病之躯，周淑安之苦寒凄凉，至今思之令人心凉。1965年，胡宣明逝世。第二年，"文化大革命"开始，与当时许多学者一样，周淑安在劫难逃，受尽折磨。1974年7月5日，周淑安逝世，葬于上海龙华烈士公墓。夜深，敲击键盘的声音，于极静的天竺山脚下，恍若空谷琴音。周淑安从画中浮现，清淡、宁和与融化的冰雪的容颜。

黄家有女斯如萱——黄萱

台阶高阔，廊柱轩昂。大理石与红地毯，厅堂华丽。香槟美酒，高朋满座，宾客如云。这一天，在日光岩下的"中国第一别墅"，鼓浪屿首富黄奕住为爱女黄萱举行盛大婚礼，新郎是厦门名儒前清举人周殿熏（周墨史）之子周寿恺。

但是，新郎到哪儿去了？所有人的惊愕、惊奇、惊诧都不足以表达一场没有新郎的婚礼的尴尬。新娘饮泣，绝语："他一日不归，我一日不嫁！他一年不归，我一年不嫁！他一直不归，我终身不嫁！"

两年后，新郎归。1935年，25岁的黄萱与北平协和医科大学博士周寿恺在鼓浪屿喜结良缘。从此，风雨坎坷，相携相守。如其分离，唯有生死。

即使爱女如周菡，也无法探知父亲周寿恺当时"临阵逃婚"的内心隐秘，但这一切都不重要了。重要的是，他们从此，相亲相爱，不离不弃，生死相随。

1937年，抗战爆发。黄萱随周寿恺辗转川贵，颠沛流离，备尝艰辛。1949年，周寿恺弃台返陆，任岭南大学医学院教授、副院长。黄萱随夫君定居广州。

相夫教子，粥饭茶食，黄萱终日所忙者不过如此，与寻常家庭主妇相同。若不是，1952年11月那个秋日的上午，黄萱被医学院教授陈国桢夫人关颂珊带到陈寅恪的面前。陈寅恪早已目盲，却一下辨认出这就是他一直要寻找的助教的不二人选。就这么偶然，黄萱走进国学大师陈寅恪的学术殿堂——那个黄萱曾经只能仰望的学术殿堂。又如

黄萱在黄家花园楼前（图片来源：周菡）

黄萱与周寿恺（图片来源：周菡）

此必然，如果黄萱没有养在深闺，没有由 4 位家庭老师所培育的坚实深厚的学养根基，由前清举人邬耀枢所培养的国学功底，那她与陈寅恪也只能是楼上楼下的隔壁芳邻。"门风家学之优美"，与生俱来的名士风范与琴音书香所熏染的大家闺秀，注定了一见如故气味相投。

从岭南大学东南区十号到东南区二号，从 1952 年 11 月到 1953 年夏，陈寅恪与助手黄萱开始了最初的磨合。陈寅恪，江西人，懂英、德、法、梵等 10 余种文字，西学国学无不精深，无人可及，是"教授中的教授"。为其助教，黄萱如临高山，如探幽谷，自然胆颤心怯，一直想打退堂鼓。一词一句，必要时陈寅恪手书于黑板，只为了让心怯怯的助教适应自己的口音。晚年以坏脾气著称的陈寅恪异乎寻常的耐心，只是为了留住这个可遇不可求的助教。

一切渐入佳境。教授与助教终于行云流水，配合默契。只不过半年时间，6 万字《论再生缘》完稿。可惜好景不长。一年后，1954 年夏，周寿恺任华南医学院副院长，举家迁往市区竹丝村宿舍区。相距 10 余里，转两次公共汽车，往返一次至少 3 个小时，上下班成了大问题。黄萱着实为难了，再次打起退堂鼓，向陈寅恪请辞。"你的工作干得不错，你去了，我要再找一个适当的助教也不容易，那我就不能再工作了。"陈寅恪的挽留真切沉痛，黄萱闻之深恸，答应留下。从此，黄萱"每天早上七时起，挤两小时公共汽车赶到南郊中山大学，九时整坐在陈寅恪面前开始工作；中午一点钟过后工作结束，再挤两个小时的汽车回到市区的家，风雨不误"（陆键东《陈寅恪的最后 20 年》，第 64 页）。

风雨不误。一日易，十年如一日何其易？陈寅恪治学极严谨，有时虽数十字，也必反复推敲，直到确证无疑。有时，一句话的出处查到，黄萱还要将全书通读一遍，为的是更深透地理解陈寅恪的思路。也只有黄萱这样过硬的古文功底，这样的勤勉细致，才能紧随陈寅恪的思如泉涌。检索、记录、探讨、思索，教授与助教，每日 4 小时的工作紧张而枯燥。1952 年 11 月至 1966 年 7 月"文革"爆发，13 年来，陈寅恪在黄萱的倾力配合下，完成了百万字的著作，80 万字的《柳如是别传》即为其一，是至今无法超越的学术丰碑。

工作态度极好，学术程度甚高，能够独立查找资料并贡献意见，最重要的是"若非她帮助，我便为完全废人，一事无成矣"。1964 年 4 月 29 日，陈寅恪为助教黄萱郑重写下评语，是真诚的赞赏，更是真情的回报。

只要有时间，周寿恺必定到公交车站接黄萱，风雨不改。相濡以沫，白头偕老，说的就是这样吧。"若是有下辈子，我还是要娶你。"是不是，这个当年的逃婚者对妻子最柔情的表白？

1970 年，周寿恺死于"文革"。1973 年，黄萱从中山大学退休。不久后，黄萱回到故乡鼓浪屿。漳州路居高临海的别墅，黄萱在此"日观云海，夜听涛声"，与琴声和女儿相伴。2001 年 5 月 8 日，黄萱在女儿周菡的亲吻中安然离世。

每日对鹭水不舍昼夜，隔岸鼓浪屿岁月浸染。不锈不朽，绿树葱茏，丹瓦红砖，浮现的依然是昔日容颜，洗尽铅华温润如玉，不可忘却不可磨灭。

陈寅恪的助教黄萱

（图片来源：周菡）

晚年黄萱（图片来源：陈勇鹏）

陈寅恪与黄萱工作照

（图片来源：《大师陈寅恪与助教黄萱的故事》）

锦瑟无端思华年——陈锦端

厦门无雪。只有细雨，飘落窗前，满眼的绿肥红艳。北方冬天的萧瑟景象在厦门是难得一见了。更不用说，雨过天晴，碧空如洗，万里无云，一派盎然春意。春节长假，一日 10 万人上鼓浪屿，应是半为天气半为鼓屿。

长长的人流走过，漳州路林语堂的故居，在导游的喇叭声中隐约其意。无所谓是不是一个谎言，对于游客匆匆而过的脚步。林语堂只是一个似曾耳闻的名字，管他南北东西。

我仿佛看见林语堂叼着烟斗狡黠地笑着：廖家别墅，想不到我林语堂一夜之眠，便成了林语堂故居，哈哈。凤儿当然笑开了花，笑眯了眼，但廖家别的人呢？

廖翠凤有十万个理由得意。当初若不是她口出豪言："没有钱有什么关系？"这个日后兼跨东西文明，一心做宇宙文章的林语堂还能是她廖翠凤的夫婿吗？

其实早已芳心暗许，只是何以相识？上海圣约翰大学的颁奖典礼上，林语堂一连四次出现，年轻俊朗的身影早已倾动四座。

其实，所有的精彩都只为她一人表演。她是陈家女，名叫陈锦端，鼓浪屿医生、牧师、实业家陈天恩的掌上明珠。也许他们早已相遇，在鼓浪屿东山顶寻源书院门前古榕下，在漳州路与宫庙路交汇的路口。只是，那时，林语堂是寻源书院只读圣经书的青涩少年。一袭布衣旗袍、一头乌黑长发翩然飘过的身影，是怎样让少年林语堂如痴如醉？明眸皓齿、花容雪肤的青春容颜，又如何不让林语堂牵肠挂肚，望眼欲穿？

陈锦端父亲陈天恩
（图片来源：网络资料）

陈锦端（图片来源：网络资料）

青年林语堂（图片来源：网络资料）

173

此时可望而不可即，此情只可成追忆。

上海，才是他们相识相知的地方。圣约翰大学与圣玛丽亚学院据说是一墙之隔。与其说相隔，不如说是相近，不发生点故事实在对不起"上帝"的安排。陈锦端与廖翠凤皆自鼓浪屿来，皆为圣玛丽亚学院学生。陈锦端如此美丽，又善丹青，引无数学子竞折腰。托陈锦端两位兄长——陈曦庆、陈希佐的福，林语堂得遇佳人陈锦端。"金风玉露一相逢，便胜却人间无数。"

林语堂一心做文章，想要一鸣天下知。陈锦端素手弄丹青，欲画尽人间春色。一见钟情，两情相悦，青春红颜，他们的爱情还缺什么吗？芸娘之与沈复促膝论诗画，李香君之真情憨态凛然，都不及眼前陈锦端的温婉可人。但他们终有所缺，缺的正是白头偕老的缘分。

陈锦端的父亲陈天恩，睿智、明理、大度，为鼓浪屿人敬重。陈家男婚女嫁，皆陈天恩一手安排，无不妥帖和美。唯陈锦端是一个例外。陈天恩不悦林语堂，据说嫌语堂不过穷牧师的儿子，不富不贵。但以陈天恩之胸怀眼光，未必如此势利短视，或许另有原因。林语堂如其父林至诚牧师，是个"无可救药的乐天派"。平时嬉笑怒骂，有时还拿《圣经》开玩笑，或许都让陈天恩对他有了看法。总之，林语堂过不了"岳父大人"这关，号啕大哭到瘫软也回天无力。

佳人黯然，终日凝眉不思嫁。陈天恩安排的"金龟婿"，一次次被陈锦端拒之千里。只身一人赴美，学西洋美术，回国时已逾30华年。32岁，终与厦门大学教授方锡畴再结尘缘，居厦门，郁郁寡欢。"锦瑟无端五十弦，一弦一柱思华年。"锦端之名，莫非谶言？

从此，陈锦端成了林语堂心中的结。林语堂闲时作画，总是一个女子相似的模样：长长的乌发，用宽长夹子束于背后，微微回眸，却是半含凄楚。"锦端的头发就是这样梳的。"林语堂告诉女儿太乙，一点儿都不隐瞒。1975 年，香港，林语堂已为 80 老翁，坐轮椅。锦端的嫂子、陈希佐太太来访。林语堂犹问锦端，知其居厦门，混浊老眼忽然一亮，拍轮椅大声说："告诉她，我要去看她！"

"真正的爱情是一个不可见的鸟所唱出来的稀奇的无形无迹飘动而来的歌声，但一旦碰到泥土，便立刻死去。情人一旦成了眷属，那歌声便会消失，变了颜色，变了调子。唯一能保持爱情色彩与美丽的方法，便是死亡与别离，这就是何以爱情永远是悲惨的缘故了。"多年后，林语堂写下这段话，是切肤之痛还是豁然开朗？

"此情可待成追忆，只是当时已惘然。"语堂无语，唯有哑然。

凤兮凤兮凤如兮——廖翠凤

锦端不可得。在平和老家，在母亲面前，林语堂哭得死去活来，天翻地覆，像个打翻了牛奶的孩子。无论林语堂怎么哭，都无济于事。陈天恩下如此重手棒打鸳鸯，却也不愿把事情做绝。隔壁廖家的女儿，虽不如自家女儿锦端"其美无比"（林语堂语），却也丰腴可人。而且关键是，人家女儿对林语堂也是名花有意。

陈天恩这桩好事做定了。欢喜的是廖翠凤。这位圣约翰大学的领奖专业户，早听哥哥们说起过，漳州路家门口小巷也曾偶尔遇到过。那时怯怯，只能远观，不敢靠近。而那时语堂，满眼是锦端的秀发长裙。

凭陈天恩巧妙的安排，终于有一天，林语堂坐在了廖家的桌前。陪林语堂吃饭的，是廖翠凤的哥哥。林语堂只顾吃饭，不知有双"凤眼"一眨不眨地看着他，"眼波才动被人猜"。婚后廖翠凤笑言当时是在数林语堂吃几碗饭。林语堂的脏衣服，廖翠凤悄悄地拿去洗了，林语堂当时不言却感激于心。

锦端不可得，翠凤可人心。1915年，林语堂与廖翠凤订婚，但得到的并不是一边倒的喝彩。当妈的自有一番唠叨："林语堂是牧师的儿子，但家里没有钱。""没有钱有什么关系？"廖翠凤一言定终生，说了一句一辈子得意的话。可是4年过去了，婚礼还没有举行。"语堂怎么还不来娶我呢？"24岁的廖翠凤真的着了急。

是对陈锦端的念念不忘，还是对婚姻的谨慎观望，林语堂一直到1919年才与廖翠凤举行婚礼。鼓浪屿，协和堂，婚礼进行曲，林语堂牵着廖翠凤的手，从此，一生一世。婚后不久，林语堂当着廖翠凤的面，

林语堂与廖翠凤新婚燕尔

（图片来源：网络资料）

林语堂与廖翠凤伉俪情深（图片来源：戈子）

廖家别墅之立人斋（鼓浪屿漳州路 44 号）

（图片来源：陈勇鹏）

亲手撕掉婚书，以表此生相守的决心。

婚后第 3 天，林语堂携廖翠凤远赴重洋，到美国求学。廖家 1000 银圆的嫁妆便是他们远行的盘缠。自然有捉襟见肘的时候，最艰难时一周靠一罐麦片度日。在法国勤工俭学，为了给林语堂买一双好点的鞋子，廖翠凤在废墟中徘徊又徘徊；林语堂论文答辩，廖翠凤挺着大肚子在路边等待又等待。三个女儿陆续出生，廖翠凤有忙不完的家务。点点滴滴，年年月月，廖翠凤为家庭操劳的身影已成为林语堂终生的风景。

"妻是水命，水是包容万有，惠及人群的。"林语堂感激廖翠凤，如母如仪。可以与女儿们玩得忘乎所以，可以躺在床上叼一根烟斗吞云吐雾，可以偷懒撒娇不剪头发，甚至可以画陈锦端以寄相思。林语堂之最喜女子芸娘想来也不过如此。为妻如此，林语堂还有什么心犹不足？

唯有一次，廖翠凤急了眼："语堂你不要发疯，你不会走路，怎么还想去厦门？"一半是心痛老伴老来体衰，一半是气恼语堂故人不忘。80 岁了，还想去厦门看望陈锦端。

老式婚姻，风生水起，靠的是两情相依，两心相惜。所谓执子之手与子偕老，就是这样的吧。

结婚 50 周年，林语堂送廖翠凤一枚胸针，刻《老情人》一阙于其上："同心相牵挂，一缕情依依。岁月如梭逝，银丝鬓已稀。幽冥倘异路，仙府应凄凄。若欲开口笑，除非相见时。"

"爱情是由结婚才开始，是以婚姻为基础而发展的。"林语堂如是说，当是有感而发。

1976 年，林语堂逝于香港。1987 年，廖翠凤逝于香港。

繁花硕果自冰清——林瑜铿

一个女子，秀外慧中，事业辉煌，却终生未婚，我不知道这是一种成就还是一种缺陷？是一种坚持还是一种遗憾？这样卓绝非凡的女子，无论在任何时代任何地方，都应是凤毛麟角。但是，鼓浪屿，除外。

在短短的百年间，在小小的鼓浪屿，如此女子的出现却绝非偶然。信口数来，林巧稚、何碧辉，都是灿烂光辉的名字。她们都在鼓浪屿的女子中学受到良好的教育，又都以医学为终生事业，共同成就了中国妇产界"北林南何"的传奇。更奇特的是，她们居然也终生未婚。她们只是鼓浪屿这样女子中的两个。更多的，或许不为我们所知。这样的女子，从鼓浪屿走出，开始人生之旅，成就生命之实。

林瑜铿，就是这样一个从鼓浪屿走出来的女子。

林瑜铿，1910 年生于鼓浪屿，虽然只比林巧稚小 9 岁，却是林巧稚的侄女。她的父亲林振明，是林巧稚的哥哥。敏而好学，坚忍不拔，甚至同样的终生不婚，是血脉相承还是风物相传？

林瑜铿 2005 年逝于台北市，95 年的生命溘然而止。她慈祥的容颜与雪白的银发却长存于她的亲人、学生心中。

1928 年，林瑜铿以优异的成绩毕业于鼓浪屿毓德女子中学。在她的英籍校长的鼓励下，林瑜铿考入北平燕京大学，并选择英语文教育作为她的终生事业。1932 年，林瑜铿从燕京大学毕业。回鼓教了一年的英文后，优秀的成绩使她在再度赴北平，担任当年名列第一的贝满女子中学的英文老师。这一教鞭一执就是 15 年。1948 年，林瑜铿负笈美国密歇根大学，获英语语言学硕士学位。1950 年，林瑜铿应母校

年轻时的林瑜铿

（图片来源：鼓浪屿三一堂）

林瑜铿教授全家福（图片来源：鼓浪屿三一堂）

燕京大学之邀，担任英文系主任。遗憾的是，林瑜铿却终未就任此职，因为台北的父兄在等待她团聚。

1955年，林瑜铿担任亚洲协会与台湾师范大学合作创办的英语教学中心的主任。她精心规划课程，采用新式语言教材教法，建立了台湾第一座语言实验室，培养了诸如林桦、李壬癸、滕以鲁等海内外知名英语文教学专家学者。1962—1964年，林瑜铿受邀主持由台湾"教育部"与美国德州大学及台湾师范大学合办的"中学英文教师在职进修计划"。两年内培训了2000多名英文老师。1964年夏，林瑜铿获美国学术交流基金会奖学金，到华盛顿乔治城大学研究语言学，为期两年，返台后专任英语硕士班教师。硕士们都以能上林瑜铿教授的课为荣。20世纪60—90年代，林瑜铿作为台北市私立复兴中小学校长，她的英语教育事业在中小学教学中得到更广阔的发展。她以身垂范，身体力行，将台湾师大英语教学中心的教学精神与理念在复兴中学深入实践，培育了无数优秀才子。

以学生为中心的林瑜铿，却是她的大家庭的中心和重心。在九个兄妹中，林瑜铿排行第二，兄长及父母的早逝让林瑜铿责无旁贷地担负起这个大家庭的重担。家中亲人无论长幼，都叫她"阿大"。"阿大"成了大家的主心骨和凝聚力。就像她的"三姑"林巧稚一样，对于亲属子侄无不倾囊相济，扶助成才。

年轻时的林瑜铿，高阔的额头与明净的眼睛，透出与生俱来的高贵与成熟。我想，当时，她一袭旗袍走过鼓浪屿曲折小巷的绰约身影，不知牵引了多少翩翩少年的灼灼目光？就如她年老时行走于台北繁华街头的硬朗身躯，又牵动了多少亲人学生们的心肠！却唯独不见，如意郎伴随左右，出入厅堂。

　　舒婷说鼓浪屿的女人越老越美丽。岁月，在鼓浪屿女人身上留下的是风韵，带走的是风霜。她们冰雕玉琢的美丽来自心灵的繁花盛开，还是来自鼓浪屿长年的海风吹拂？她们兰心蕙质却又孑然一身，是鼓浪屿之光还是鼓浪屿之痛？

隔代芳邻有良医——叶友益

鼓浪屿中华路，是一条我每天必行的街巷。街边的每一幢楼，就如日日相见的亲人，熟悉得可以忽略。它们不规不则错落相间，依地随形临街而立，多半是清水红砖墙面，嘉庚红瓦屋顶。

但中华路24号似乎有点例外。楼高三层，一楼有窄窄的骑楼。灰色水泥抹墙，门不开在街面，而是转脸侧向与中华路斜出的一条小巷。若只是路过，此楼很难给人留下印象。直到，一次偶然的翻阅，让我知道了一个叫叶友益的女人——鼓浪屿早年著名的女医生，也就是此楼的主人。

原来，隔着几幢楼宇，我竟与一位鼓浪屿早年的女名医比邻而居。

教育与医疗，在早年的鼓浪屿是很发达的。先是外国的传教士建立了医院，又建立起培养医学人才的医学校。一时鼓浪屿公私医院并立，中西医生并存，俨然成为当时厦门的医疗中心。而叶友益，当是其中恩泽广布、备受赞誉、为人纪念的良医。

叶友益出生于基督徒家庭，其父叶汉章为厦门竹树脚礼拜堂第一位华人牧师。叶友益早在16岁就"近水楼台先得月"，进入美国归正教会在其家乡平和县设立的"救世医院"学习。1907年，30岁的叶友益为进一步深造，赴鼓浪屿"救世医院"附设的医科学校深造，主修西法接生，并与陈天恩一起，于1911年成为该校的第一届毕业生。日后，他们都成为鼓浪屿名噪一时的名医。

毕业后，叶友益即在鼓浪屿泉州路现编门牌号16号处，开设寿龄药房，挂牌行医，主治妇产科、小儿科及内科各种病症。医者素手丹心，

叶友益（左一）与其妹叶亮彩（图片来源：叶克豪）

叶友益父亲叶汉章牧师画像（1832—1912）

（图片来源：《美国归正教在厦门1842—1951》）

叶友益故居中华路 24 号（图片来源：詹朝霞）

扶困济贫；患者口碑相传，争相推介。叶友益成为当时鼓浪屿最受人欢迎的医生之一，而叶友益最为人推崇也最受人攻击的是西法接生。当时厦门的"黄阿屘"、鼓浪屿的"叶姑娘"，都是西医新法接生的实践者和推广者。叶友益配制的"猪肚散"，专治小儿胃肠胀风、消化不良、食欲不振等症，患儿服后无不食欲大增，深受欢迎；"补脾丸"，调理脾胃；"调经丸"，治疗妇女月经不调；"疟疾丸"调理寒热病；"黑药膏"，治外伤肿痛，可谓药到病除。据老一辈鼓浪屿人说，叶友益的诊所，求医者络绎不绝，门庭若市，收入自然颇丰。

对一个终生未婚的女人来说，钱多一点并不意味着幸福多一点。但叶友益的钱却一点也没浪费。她大力支持子侄辈学医，培养了如叶宗典这样的良医。叶宗典毕业于北京协和医科大学，后担任北京积水潭医院的外科主任，曾创造了"半截人"的奇迹。

1928 年，叶友益在现编海坛路 17 号购地建楼扩大诊所。抗战初期，又在中华路购地建楼，将诊所迁至此处，即现在中华路 24 号，就是我每天经过的那幢楼房。可惜当时厦门已沦陷，与内地阻隔，红砖货源中断，不然中华路 24 号也应该与鼓浪屿大多数建筑一样，清水红砖嘉庚瓦。

虽是我每天经过的楼房，但我无法猜想它过去的模样，就像我无法猜想叶友益当年的模样。据说，这位当时风靡鼓浪屿的女名医，被大家亲切地称为"叶姑娘"，因为她虔诚的基督教信仰，因为她慈爱的古道热肠，更因为她无从猜测的孑然一身。

1877 年生于平和县罗溪镇，1966 年死于香港，90 虚岁的叶友益可谓长寿。她长寿充实的一生不知可有遗憾？

隔代有芳邻，年深不知处！

卷四

轶闻旧事

1910 年美国商团访厦

1. 美国舰队访厦余响——一次意犹未尽的友好之旅

1908 年 10 月，一支由 8 艘万吨级军舰和补助舰组成的美国舰队，运载 13000 名官兵前来中国访问。清廷对美舰队此次访问高度重视，委派贝勒毓朗、外务部侍郎梁敦彦、闽浙总督松寿、布政司尚其亨、海军提督萨镇冰等高官，负责筹办迎接美舰队事务。厦门因其优越的地理位置和优良的港口条件被清廷选择为接待港口。10 月 30 日清晨，当美国舰队驶近大担岛，萨提督率领海圻、海容、海筹、海琛 4 艘中国军舰驶向港外鸣炮迎接。美国舰队在厦停留一个星期，受到朝廷官员和地方名流极其热情的款待。官兵们几乎日日饮筵，夜夜笙歌。厦门港的盛情款待给美国舰队留下了美好的深刻记忆。

美国舰队对此次接待是如此满意，以致两年后，1910 年 10 月 19 日，为了"答谢两年前厦门对美舰的盛情招待"，一支由美国太平洋沿岸和火奴鲁鲁等地商会代表组成的商务代表团，随舰队再次访问厦门。从这个意义上来说，1910 年 10 月的美国商团访厦之旅是 1908 年美国舰队访厦的延续，是一次意犹未尽的友好之旅。

2. 谋求中美商务联盟——昭显于美国商团祝词中的实际诉求

虽然这是一次和平友好之旅，但探讨中美贸易、增进中美之间的商业关系才是此次访问的主要目的。美国的实际诉求，在 1910 年（即宣统二年）9 月 20 日《厦门日报》登出的美国商团答谢辞中表达得一

1908 年 10 月美国大白舰队访华，贝勒毓朗等清政府官员前往接待

（图片来源：白桦）

清二楚："两大国住居对岸，大清国驻居太平洋岸东边，而我大美国驻居太平洋西边，是天然生成两大国商务联盟也。我等已受命到来，恭维大清国各门进步，甚为我等厚望。"

由此可见，谋求在华商业利益才是此次美国商团访厦的真实目的。

其实，这也是厦门地方求之不得的目的所在。南普陀寺欢迎会上，厦门紫阳学堂高唱的美国商团欢迎歌将这一目的表达得明确无疑：

> 五大步洲黄白种，商战君民重。
>
> 东西各国人杰众，智识多争雄。
>
> 群推欧美实业尚，民富国丰隆。
>
> 航海商团游亚东，联络商情融。
>
> 官绅商学出欢迎，鹭门山岳动。
>
> 快哉快哉快快哉，维新气象宏。

而美国商团的"拍手称羡"，则表明增进中美商业关系，促成中美商务联盟才是二者共同谋求的目的。

3. 走马观花——厦门几处值得一看的地方

这支由美国实业界巨头、银行家、工厂主和大商人及律师和新闻记者组成的商务代表团，虽然只在厦门停留了 10 小时，但他们在厦所到之处无不受到热烈欢迎和隆重款待。厦门商务总会作为此次美商团访厦接待的主要单位，为他们安排了紧凑严密的行程。而各项具体接待事宜则是由侨居鼓浪屿的吕宋（菲律宾）富商叶崇禄（即叶清池，字寿堂）主持。这大概是因为吕宋当时是美国殖民地，而叶崇禄的大部分生意在吕宋的缘故。在厦吕宋侨商自然也乐于相从，厦门官绅商学各界亦无不以参与接待为荣。

家中来了贵客，自然要拿出最好的东西来款待。在这么短的时间内，东道主厦门为远方来客安排了什么精彩节目呢？漳厦铁路、交通银行、厦门商会和同文书院，美国商团一上午走马观花，匆匆一顾的这几个地方，想必是东道主认为的厦门最值得一看的地方吧。

1910 年 10 月 17 日凌晨，美国商团刚抵达厦门，就马不停蹄地乘小火轮去参观漳厦铁路。漳厦铁路于 1905 年 8 月开工修建，虽然只是一条勉强存在了 28 年的短命铁路，但却是福建省第一条铁路。1910 年嵩屿到江东路桥路段工程完工，开始通车。厦门地方自然很乐意向远方的客人展示这一"新工程"。

接下来美国商团参观了位于升平路的交通银行厦门分行。这家创办于清末的厦门早期银行，在当时也算是新生事物了，得以被安排为美国商团的参观点。

作为此次美国商团访厦的接待主体，位于镇邦路的厦门商务总会自然是美国商团必不可少的参观点。厦门商务总会成立于 1904 年，是福建省最早成立的商务总会。1904—1910 年，林尔嘉连任三届商会总理。

美国商团参观的最后一站是著名的厦门同文书院。这所顺应当时"废八股，办学堂，学习西方文化"的形势，由叶崇禄等 6 人出资，于 1898 年 3 月 12 日创办的书院，是一所与宗教无关的新式学堂。林尔嘉、黄奕住、黄秀烺等先后为同文书院捐建教学楼、办公楼和宿舍楼等，因此在厦门近代文化教育史上，同文书院成为社会集资办学的成功典范。叶崇禄出任该校董事长达 20 年。

位于升平路口的交通银行厦门分行旧影（图片来源：白桦）

同文书院"清池楼"（图片来源：白桦）

4. 热情中的谦卑——厦门商务总会及社会各界的真实态度

在这几个地方匆匆一顾之后，下午 1 时，美国商团在东道主的带领下，前往在南普陀寺举行的盛大欢迎会。东道主的热情好客这时候才有机会好好表现。

先拍照合影，再宾主致辞。厦门提道厅道台郭道直、厦门商会叶崇禄及美国商团代表互致颂词。厦门紫阳、吉祥学堂学生到会，各献歌一首欢迎美国商团。

宴会在余音袅袅中正式开始。一时宴会厅内觥筹交错，欢声笑语，气氛热烈而友好。"厦门商会在极其豪华地布置着两国国旗和人造花的南普陀寺的游廊里，为访问者和受邀贵宾举办盛宴。"毕腓力在《厦门纵横向》中如此描述道。东道主待客的真诚与热情在无微不至的细节中体现得淋漓尽致："菜单设计精美，不只是一份上席珍馐佳肴的清单。菜单的封面有中美两国交叉的国旗，并且打了一个同心结。里面是中、英文的菜单。封底是一页纪念 1908 年美国战列舰队访问厦门港而镌刻在附近岩石上的汉字碑文，菜单还附有这幅碑文和南普陀寺历史的译文。"

即使在厦停留的时间只有 10 个小时，但作为公共租界的鼓浪屿依然是不可放弃的必访之地。欢迎会后，在鼓浪屿的公共草坪番仔球埔举行了非正式接待会。

尽管东道主热情周到的款待让美国商团满意甚至感动，但这种乡下人款待城里亲戚的热情，还是带有浓浓的谦卑意味。这种谦卑在以下的祝词中暴露无遗：

"二来是我们厦门商界实在幼稚得很，一无可观，今日贵宾光临，实在是我们厦门的幸福。然而鄙人自揣固陋,恐慌负诸君眷顾之盛情,这便是鄙人惭愧的宗旨。"——厦门商务总会致辞,刊于1910年(即宣统二年)9月20日《厦门日报》。

"唯是厦埠褊隘,仅资交通,非农矿制造荟萃之区,无大成绩,鲜足以供贵实业团之观览,深滋惭歉。"——厦门提道厅合名颂词,同年9月19日《厦门日报》报道。

"惟厦门壤地偏小,商务实业尚待研究,无以悦诸君之目,伏望指教,俾广见闻,使商业日见发达,是诸君之所赐也。"——厦门官绅商学各界颂词,1910年10月26日《申报》报道。

热情又谦卑,听上去正是中华民族的传统美德。但在美德背后,是技不如人与有求于人的弱势心态。东道主奉献的鲜花与美酒,在西方列强船坚炮利的阴影下黯然失色。

5. 改善吕宋华工处境——中方愿望的弱势表达

即使这次美国商团号称和平与友谊的使者,并不涉及中美双方任何实质问题,但厦门官绅商学各界还是在致辞中忍不住表达了改善吕宋(菲律宾)华工处境的请求。1910年10月26日的《申报》在同篇报道中提到:

> 只有禁工一节,未蒙分别人格,如我国之工人,乃肩挑苦力、敞衣跣足之辈,若其文理颇通、知书能算者,即列在商界之中。但贵国例则除财东之外,皆谓之工人,尚恐商业愈盛,则用人愈多,而旧客日渐老,新客虽继至,终有乏人帮理之虑。所愿诸君荣旋之时,向贵国政府剖明情由,或在贵议院演说分明,使普通

南普陀后山记载美国商团访厦的摩崖石刻（图片来源：洪卜仁）

文墨之人，蒙赐分别原非工人可比，许其来往均便。

以谦卑的口气，站在对方的角度为对方着想，无非是请求对吕宋华人中"普通文墨之人"不以工人视之待之——对于厦门官绅商学各界的这一"不情之请"，美国商团仅以"归当告明政府厚待"敷衍过去。在这里，东道主的热情与谦卑显然无助于其达成一个正当而微薄的愿望。

6. 宾主尽欢，勒石为记

然而这一小段不和谐音根本可以忽略不计。在厦的 10 小时短暂停留让美国商团倍感愉快，倍享尊荣。下午 6 时，当他们登上招商局安排的"新明号"，驶向下一个港口广州的时候，厦门此次的外交接待任务可谓"功德圆满"。

南普陀寺藏经阁后，有一块高 1.35 米、宽 1.65 米、楷书直题的摩崖石刻，记录美国商团访厦这一盛事。叶崇禄作为此次美国商团接待的主持者，草拟并书写了石刻碑文：

> 大美国太平洋各省二十五位商会代表团，皆多财善贾，为环球有名巨商。此次游历中国，道出厦门，崇禄以岷埠实业均依宇下，与诸君有密切关系。因邀厦之商务总会及在籍岷侨，择南普陀寺铺设会场，柬请地方官绅莅会欢迎。是日也，群贤毕至，杯酒谈心，复承驻厦美领事官安君左右介绍，倍加浃洽。席间，各献颂词，互相致敬，诚一时之盛会也。爰筹诸石，以志感情。宣统二年（1910 年）九月十七日，鹭江叶崇禄谨识。

青春行板　英华往事

——英华中学百名学生 68 年前的一次台湾之行

2010 年 11 月，我有幸与武汉大学高分子化学家卓仁禧院士相会于鼓浪屿。卓院士开口的第一句话是："我很感谢我们的黄猷老师，他和邱继善老师带我们英华中学高三的学生去台湾旅行。那是我第一次走出厦门，让我们大开了眼界，大长了见识。"

这是一次什么样的旅行，让年过 80 的卓仁禧在半个多世纪后的今天还念念不忘呢？

68 年前，1948 年 10 月下旬至 11 月下旬，鼓浪屿英华中学高三春季班和秋季班共百余名学生，在老师邱继善的带领下，与先行去台的黄猷老师会合，进行了为时近 1 个月的台湾旅行。虽然，如今大陆居民去台湾旅游早已不是什么新鲜事，对于厦门市民来说，更是家常便饭。但 68 年前的英华中学百名学生台湾旅行，是迄今为止厦门绝无仅有的大规模学生集体旅行。

2010 年，当林世岩在他鼓浪屿的家中，翻开一张张珍藏的照片，打开林永福变成铅字的日记，那个青春洋溢、风光无限的岁月，那些笑容灿烂、年轻俊朗的面孔，以发黄的色彩，以珍藏的记忆，让我澎湃，让我激动，让我想诉说——那个并未远去的英华往事。

1. 学运余波——"赴台参观代毕业考"

对于林世岩来说，一切都那么突然。1948 年 10 月 22 日上午，八卦楼前，正急匆匆赶去英华中学上学的林世岩，遇到守候在那儿的几位同学："今天不上课了，赶快回去，准备衣服用品，钱有多少带多少，我们班全体同学要去台湾旅行。"虽然林世岩一头雾水，囊中羞涩，但还是于当天下午3：15，与高三春季班和秋季班的100余名同学，乘5000吨级的"华联"号客轮踏上了赴台的旅程。

为什么，68年前，英华中学高三的学生们，会有这么一次台湾旅行？

这个问题，我请教过黄猷老师（原福建省社科院副院长）、林世岩（原鼓浪屿数家小学的校长）、林永福（原厦门市公安局户政处副处长）。他们都是年过80的老人。黄猷虽只长林世岩和林永福两三岁，却是他们终生感佩的恩师。

1948年10月，距1949年10月新中国成立仅一年之遥。当"反饥饿、反压迫、反内战"的口号响彻大江南北，地处东南沿海的厦门亦振臂呼应。其时，厦门学运方兴未艾，学潮此起彼伏。作为厦门大学学生地下党员的黄猷，同时担任英华中学老师，活跃于课堂与讲台之间、厦门与台湾之间。

"当时国民政府要求英华中学高三学生必须撰写毕业论文，还要答辩通过才能毕业。在进步师生的带领和推动下，我们联合抗议这种毕业考。听说台湾省将召开首届博览会，我们乘机提出以赴台旅行代毕业考的方案。"林永福如是说。

虽然没有得到英华中学校方的明确许可，但学生们的目的显然最终达成了。1948年10月22日至1948年11月17日的台湾旅行，成为英华中学高三春季班及秋季班的百余名同学的青春行板，典藏记忆。

2. 台湾博览会——一笔带过的浮光掠影

1948年10月23日下午3：45，客轮抵基隆港。当年轻英俊的老

5000 吨"华联"号客轮离厦驶台，记者站在船头摄取厦门虎头山全景（图片来源：林世岩）

基隆港务局码头，黄猷老师在人群中迎接英华中学的同学们

（图片来源：林世岩）

师——黄猷,出现在码头迎接的人群中时,同学们禁不住欢呼起来。以此为起点,这批来自厦门鼓浪屿的百名学生团开始了他们丰富多彩的台湾之行。

第一站,当然是台北。到了台北,自然不能错过此次借以出行的"噱头"——"首届台湾省博览会"(1948年10月25日至12月5日)。这场名为庆祝台湾光复3周年而举办的博览会,是战后初期台湾的第一场"产业盛会",其实具有多重政治目的与作用。1948年10月25日,博览会在台北总督府隆重开幕。林永福与同学们集体参观了第一、二、三会场。可惜在林永福的日记中,找不到博览会的细节。"参展东西多种多样,目不暇接。顾此失彼、走马观花地浏览一遍。有些展品叫什么名称,我也叫不出来。"台湾媒体争相报道的首届博览会,在林永福的日记中只不过这样一笔带过。琳琅满目的台湾首届博览会只不过花了学生们半天的时间。因为很快,他们就去参观圆山动物园了。虽然第二天下午从淡水参观回来,又去了趟博览会,但同学们因为连日奔波,早已筋疲力尽,对博览会没有留下太多的印象。

3. 酋长与"杵歌"——日月潭无法复制的风景

接下来的旅程,大家参观了号称当时世界最大的樟栳厂,每人获赠《台湾樟栳业概况》一本、樟栳两块,皆大欢喜。10月29日,到北投参观台北大学及医科附属医院,下午忙中偷闲,同学们直奔北投温泉。温泉分男女池,男池又分大众池和个人池。"浸泡在有硫黄味的温泉中,令人心爽神怡,血液流通,解除疲劳,真痛快!"有温泉泡当然痛快,难怪林永福在日记中大大地记上了一笔。

同学们冒雨参观台北市南北樟栳厂

（图片来源：林世岩）

　　然而，精彩的还在后头呢。10 月 31 日，同学们乘由货车改装的所谓"公共汽车"，转了 240 个弯，到达海拔约 750 米的日月潭。林永福和白莘毅、张景权、邱继如、龚诗楠等七八位同学租了小舟，划到潭中的光华岛。碧绿的潭水微凉，引诱得这些鼓浪屿的"水鸭"们干脆跳下日月潭痛痛快快地游了一回。"好像在鼓浪屿的中德记、港仔后游泳场游泳似的，只可惜没有柔软的沙滩。"林永福在日记中写到。

　　林永福没想到，他们这纵情一游是要付出代价的。代价就是，他们错过了一场精彩的高山族表演。正当林永福他们在日月潭中扎猛子的时候，林世岩跟着大队伍在日月潭与当地的高山族同胞搞了一场精彩的联欢活动。高山族同胞拿出他们原汁原味的"杵歌"款待来自厦门的客人。"杵歌"者，据林世岩描述，乃掘大坑于地，置大缸于其中，缸上覆巨石板，击以长短不同之杵，则发出抑扬高低之音，人和而歌，则悠长嘹亮，纵情欢乐。音乐细胞发达的英华同学不一会就学会了"杵歌"的调子，与高山族同胞们同声而歌，携手起舞，其乐融融。而酋长毛信孝和他美丽的大公主毛玉娟的精彩亮相，更把欢乐的气氛推向高潮。1992 年 6 月，英华中学 1949 届（秋季班）同学聚会，古稀之年的陈灿星同学欣然提笔作诗，再现当时欢乐场景：

　　　　酋长戴青柄刀笑呵呵，

　　　　公主穿着盛装唱山歌。

　　　　女伴潭畔翩翩舞，

　　　　谁信盘石响音符。

　　　　那支歌儿云中落，

　　　　高山族开怀唱"杵歌"。

日月潭高山族酋长毛孝信　　　　　　日月潭高山族大公主毛玉娟

（图片来源：林世岩）　　　　　　　（图片来源：林世岩）

台湾高山族"杵歌"表演（图片来源：林世岩）

合影、签字情绵绵，

亲切言谈刻心间。

日月潭风光如画卷，

问你何时再相见！

说起酋长毛信孝，林世岩还津津乐道地讲了一个故事。1949 年国民党败退台湾之后，蒋介石与宋美龄在日月潭的别墅小住。不料宋美龄哮喘发作，恰逢台风大雨，返回台北就医或从台北派医生来都不现实。蒋介石心急如焚。这时毛信孝毛遂自荐，献上秘制野山鹿药。宋美龄服下果然见效。蒋介石为感谢毛信孝，即封其为"毛王爷"，在日月潭竖碑以谢之。当然，这是后话。

4. 码头与街头——台湾印象

自 10 月 23 日在基隆港登陆，到 10 月 31 日到台中游日月潭，已过一个多星期的时间。虽然这只是他们在台湾待的时间中的一小段，但已足够让这些高中毕业生们来观察和感受台湾社会了。

基隆港，是他们对台湾的第一印象。钢筋水泥浇铸的码头，浮桥盖有五层高大楼，火车可直达码头，货物堆积如山……眼之所见，心有所比。"厦门太古码头与它对比，直是小巫见大巫，至少比太古码头大上 10 倍！"林永福悄悄在日记中记下的，我想也是大多数同学们对基隆港的共同印象吧。加上，穿着号衣，只有客人叫了，才礼貌为客人提供服务的搬运工，与厦门码头强行为客人提搬行李的搬运工，形成鲜明对比，自然让林永福们心生好感。

去台中以前，靠了黄猷老师煞费苦心的安排，台北成为此次学生们台湾旅行的大本营。去淡水、北投，都是要赶回台北宿营的。自然，对台北的印象就更加丰富。

也许，100多名学生中记日记的人大有人在，但现在我能读到的只有林永福的日记。当然，林永福的日记并不能代表其他同学对台北的印象或者感观，但毕竟是印象之一。在此，不妨来看看林永福日记的台北印象：

> 台北市市容整洁，商业繁荣，工厂林立，是台湾省的省会，是政治、经济、文化中心。国内外人来人往，各种人物都有。我初步感觉到台北与厦门对比其特点有三：第一个特点：没有看到乞丐，人人皆有职业。
>
> 第二个特点：市民们守法精神非常好。
>
> 第三个特点：妇女就业多。不论车站、商店、食堂、工厂等均有女职工，使人似乎感到女多于男。

显然，在林永福的感受中，1948年的台北至少在社会秩序、经济发展、妇女就业等方面优越于厦门。但也许，这只是林永福看到的当时台湾社会的一方面。在码头与街头之下，却有潜流暗涌。

5. "总有一天！"——无法忽略的真实情绪

英华中学的同学，走在台北的街头，穿黑色校服，讲厦门方言。街上的小商小贩、阿公阿婆，只把他们当成台湾铁路学校的学生。没有人，把他们当"外省人"。一口地道的闽南话，就有了天然的亲切和信任，一如乡里乡亲。于是，街头巷尾，同学们总听到一句话："总有一天！"

　　"总有一天！"是什么意思？林永福们在街头小贩那儿听了无数遍之后，想了无数遍之后，总算弄明白了。

　　此事说来话长。简而言之，1945 年抗战胜利后，孤悬海外的台湾终于得以摆脱日本人长达 50 年之久的殖民统治。台湾人民正欢欣鼓舞额手相庆，不想国民政府的接管又使台湾重陷泥沼。赤足而行的台湾人与西装革履的"外省人"矛盾加剧，终于在 1947 年爆发"二二八"事件。仇恨的情绪自此种下，渐成水火难容之势，连作为观光客的学生们都强烈地感觉到了。林永福在 10 月 27 日的日记中记录了这样一件事："有一次，我买东西跟台湾人讲厦门话，一个外省人用国语骂了我一句，我以牙还牙，也用国语骂他一句：'臭他娘屁！'这个'外省人'非常惊讶在看着我。我对他讲：'我是厦门人。'他愣了一下，赶快对我说：'对不起！错把你当台湾人。真他妈地见了鬼！'"台湾人与"外省人"的区分就这么简单，就是会不会讲台湾话，或者闽南话。这件事让林永福顿时明白了台湾人挂在嘴边的"总有一天"就是"拭目以待"。

　　时隔 60 多年，世事沧桑轮回。台湾人心中的"那一天"似乎来了又去。台湾人与所谓"外省人"的矛盾和问题并没有随时间而自然化解。毕竟，时间并不是解决一切问题的良药。但令人欣慰的是，台湾人与"外省人"一直都没有放弃寻找解决问题的途径和决心。

6. 一平两胜——英华足球队扬威宝岛

　　为时近一个月的台湾旅行，同学们并不都在饱览宝岛风光。黄猷老师还给同学们安排了与台湾许多中学的交流联谊活动。其中足球比赛最为引人注目。仅仅半个月的时间，英华中学的足球代表队就先后跟三所台湾中学展开了比赛。刚好，足球是英华中学的强项。英华中学足球队当仁不让，反客为主，以一平两胜的成绩着实在台湾风光了一把。

1948年10月26日，英华中学跟淡水中学打了两场比赛，一场足球比赛，一场篮球比赛。结果足球队以6∶0胜，篮球队以21∶14胜。

再一次的胜利，是在1948年11月2日下午，英华中学足球队对高雄中学足球队。自恃技高一筹的英华足球队根本没把高雄中学足球队放在眼里，结果也不出意外，英华中学以5∶1大获全胜。

可是，英华中学足球队没有将胜利进行到底。在11月1日与省立农学院的比赛就只战了个平局，倒是篮球比赛以13∶8获胜。

7.　一波三折——艰难的返厦旅程

本来，这次旅行的时间，原定是10~15天，但"来台容易返鼓难"（林永福日记）。因为缺少返厦经费，再加上大陆形势紧张，往返台厦的船次减少，同学们一度滞留在台湾。1948年11月5日晚10∶30，全体师生开会，讨论离台回鼓问题。

原来虽然英华中学的学生大多家境不错，但因为那天动身匆忙，大家都来不及做充分准备，只有极少数同学带了点旅费在身上。虽然后来成为厦门荣誉市民的新加坡华侨黄福华随身带了一小块金子，这块金子被贡献出来，但远远不够购买100多名学生的返厦船票。而这次台湾旅行的经费，一部分由同学之间互相借款或资助，大部分经费则是靠黄猷老师在台湾想办法解决。"我们也不知道黄猷老师是怎么筹到那么多钱的。"而今年届90的林世岩和林永福，讲到他们的黄猷

恰同学少年（图片来源：林世岩）

英华学子在台中中山公园孙中山先生纪念碑石阶上留影

（图片来源：林世岩）

老师，很骄傲、很自豪、很佩服、很感激。

从11月6—17日，林永福10多天的日子浓缩成以下电报式的语句：

> 每位同学不断写信。向家中求援，盼家中能速汇款，以救燃眉之急，但收效甚微。

> 黄猷老师不知从哪里弄到一笔钱，大家正额手称庆，忽悉船票涨价3倍！真是福无双至，祸不单行。

> 时有台风警报，厦门驶台船少。每日都派出"探子"打听消息。
> ……

17日下午4点，学生们终于登上大中轮。可大家还没来得及高兴，一阵狂风大浪逼得大中轮无法前进，只好退回台湾港口。但天无绝人之路。师生们几经交涉，向（台湾）招商局租来一艘运输船"中字108号"。心急如焚、狼狈不堪的学生们这才踏上返厦之旅。"中字108号"原是美军战后剩下的登陆艇，卖给台湾招商局当运输船，用来运送牲畜。"船中马粪满仓，臭气冲鼻，无椅无床。"这次学生们可真没少受罪。

在半梦半醒之间，林永福居然突生奇想。他觉得受了这满舱的马粪臭气的连累，以后同学中可能出不了专家、教授、学者了。倒是有可能出几个大商人，因为厦门谚语"脚踏着屎会抬着财"。

旅台一个月后，在高雄港码头乘"中字108号"登陆艇返厦

（图片来源：林世岩）

8. 英华同学，别来无恙乎？

60多年过去了，当年的莘莘学子，翩翩少年，而今早已白发丛生，垂垂老矣。当年林永福在船中的奇想，如今总算可以有个交代了。

事实证明，"中字108号"的马粪并没有那么大的"杀伤力"。当年同游台湾的同学，成为专家、学者、教授者大有人在。如吴沧浦，我国著名的系统与控制工程及运筹学专家，国务院学位委员会学科评议组成员，清华大学教授、博导；卓仁禧，我国著名的高分子化学专家，中科院院士，武汉大学教授、博导；龚诗楠，中航技总工程师，等等。

不知当年带一块金子助大家一臂之力的黄福华有没有踩到马粪，反正后来他是发了财，是新加坡著名纸品业权威厂商协茂商行的董事主席兼经理，也是厦门银鹭集团的外方合资者，被授予厦门荣誉市民殊荣。旅途中勤奋记日记的林永福，后来成为厦门公安局户籍专家。林世岩则当遍了鼓浪屿所有小学的校长。组织他们赴台的老师——黄猷先生，从福建省社科院副院长的岗位离休，已于2015年11月去世。邱继善老师，终生从教，据说如今在福州安度晚年。

无论成名成家、成就卓越，还是平凡一生、良善做人，都是英华中学1949年春、秋季两班100多名学生中不可或缺的一员。因为，他们曾经共同的青春，共同的记忆。

鼓浪屿，一段中法世纪之恋

这是一个始于 60 多年前却又正在进行的故事：男主角袁迪宝现居厦门，女主角李丹妮原居法国里昂。两位耄耋老人曾经是恋人，相隔千万里，相思半世纪，本以为此生再无缘相聚，可一笺飞鸿却让他们旧情重拾。鼓浪屿的鸡母山，见证了这段跨国情缘。

1. 鸡山脚下，学前婚礼锁定人生

1953 年 8 月，鼓浪屿鸡山路 1 号，25 岁的袁迪宝在这幢漂亮宽阔的别墅里举行了婚礼。新娘黄秀雪，毕业于漳州仁恕护士学校，是原救世医院外科手术室护士，时任厦门海堤建设工地医务室负责人。婚后一个月，袁迪宝便赴杭州浙江医学院（现浙江医科大学）读书。

鸡山路 1 号，以前是一幢有着黄色玻璃的欧式红砖楼。底楼是偌大的厨房与宽敞的餐厅，楼上露台宽阔，卧室数间。台阶及处，庭院深深。前有樟树枝繁叶茂，侧有古榕盘根错节。别墅的主人 1949 年到香港时将房子交给袁迪宝的姐夫托管。袁迪宝上大学前也曾在此居住。

1928 年出生于上杭的袁迪宝，父亲袁祖周是前清秀才，在英国领事馆任秘书兼中文老师。据说郁约翰还亲自给他动过痔疮手术。袁迪宝幼年随父亲到鼓浪屿，赁屋居于内厝澳，就读于福民小学。后父亲被教会派往长汀一带传教，哥哥在思北路现香港广场一带开了家诊所，袁迪宝一边读书，一边在诊所里帮忙打下手，给病人打抗生素和静脉注射等。几年的埋头苦读之后，25 岁的袁迪宝终于考上了浙江医学院。

25 岁，在当时来说已是大龄青年了。姐姐袁德昭把她护士专科学

1953 年 8 月 30 日袁迪宝与黄秀雪在鼓浪屿鸡山路 1 号
结婚时与全家合影（图片来源：欧阳鹭英）

校的同学黄秀雪介绍给弟弟。很快，他们就结婚了。"婆婆肯定是怕他被人抢了，才赶在他上学前结的婚。"袁迪宝的三儿媳欧阳这样想是有理由的，照片上的袁迪宝实在是英俊，堪称是标准美男子。

2. 西子湖边，师生恋情擦出火花

袁迪宝可能做梦也不会想到，在杭州，他会遇到一个用一生来爱他的女人——他的俄文老师李丹妮。

李丹妮的父亲是留法的浙江音专教授李树化，母亲是法国人燕妮。她还有一个非常中国的名字：李尘生。其时 26 岁的丹妮，身材高挑，肌肤雪白，五官精美，混血儿的优势在她身上完美无缺。毕业于浙江大学中文系的她，因为精通法、英、俄、中等几国语言而被浙江医学院聘为俄文老师。

"我的俄文成绩很好，几乎每次都是 100 分，毕业成绩是 98 分。所以可能引起了丹妮的注意。"年逾 80 岁的袁迪宝说起这事还颇为自豪。

一个是海归教授的独生女，一个是已成人夫的穷学生，二者相知何起？又相惜何必？但请注意，他们之间当时是"信息不对称"。

微妙的变化在悄然发生着。丹妮知道袁迪宝来自鼓浪屿，心中就对他平添一份好感。丹妮小时候随父母从法国回来时，轮船经过厦门港却过而不入，与海上花园鼓浪屿失之交臂，一直引以为憾。袁迪宝来自寒素的穷牧师家，丹妮便时有书籍、生活用品相赠。对于老师的好意，袁迪宝心怀感激，却不敢有非分之想。直到一个冬天的早晨，窗外飘起了雪花，坐在教室里的袁迪宝冻得瑟瑟发抖。下课铃声响了，丹妮悄悄地递给他一个纸包。袁迪宝打开一看，原来是一件蓝色的毛衣。

两手相触，情愫暗结。

3. 分别之际，丹妮剪下一缕金发

他们是怎样秋波暗送的呢？"我每周都到俄语教研室向丹妮请教问题，就定下约会时间和地点。"半个世纪后袁迪宝老人说出了秘密。

逢晴日闲时，丹妮就会带上糖果、点心，相约袁迪宝漫步西湖。花港观鱼，三潭印月，柳浪闻莺，苏堤春晓，无不留下了他们相偎相依的身影。"一条小路曲曲弯弯细又长，一直通往迷雾的远方……"他们用俄语也用中文唱着当时流行的苏联歌曲。周末，丹妮还邀请袁迪宝到她家做客，把她的音乐家父亲和法国母亲介绍给袁迪宝，一起品尝丹妮母亲做的法国菜和咖喱面。快乐的时光如飞如扬，如丹妮的金发飘扬。

对于袁迪宝来说，快乐的时光也伴随着阴影。毕竟，他已为人夫。理智战胜感情的他终于鼓起勇气，把自己已婚的事实如实告诉丹妮。丹妮的痛苦可想而知。这位中法混血女郎，有着法国女人的浪漫与多情，也有着中国传统女人的忠贞与痴情。"爱是无罪的！"丹妮的妈妈这样告诫女儿，"但你不可以另一个女人的痛苦为代价。"

即使丹妮多么希望袁迪宝跟她随她父母一起去法国，但袁迪宝与黄秀雪有婚在先，就不忍心他抛弃发妻。现实有的时候就这样无奈。

转眼间，两年过去了。1955 年，全国院校合并。袁迪宝所在的卫生系被合并到位于四川成都的华西医科大学。分别的时光终于到了，丹妮剪下一缕金发，脱下一枚戒指，交给袁迪宝。可是袁迪宝一介穷书生，并无一物回赠。这一别，就是半个多世纪。

少女李丹妮

（图片来源：《混血儿》）

李丹妮与父母在杭州自家庭
院里合影

（图片来源：《混血儿》）

4. 鱼沉雁落，半个世纪望眼欲穿

袁迪宝随学校搬到成都继续上学后，丹妮也于 1956 年 4 月随父母回到法国。可是有情人心曲相通，他们书信频繁，鸿雁传情。

开始，丹妮的信是寄到华西医科大学的。袁迪宝毕业后，丹妮的信就寄到他的工作单位。后来，为了避免"涉外"之嫌，他让丹妮把信寄到鸡山 1 号他姐姐家。这些信连同丹妮的金发、戒指都由姐姐代为收藏。可惜在"文革"期间，姐姐怕引出麻烦，将信与金发一并烧毁了。

1958 年，袁迪宝长子出生时，国内物质贫乏，丹妮得知即从法国寄来奶粉、衣物等。袁迪宝允诺说要每个月攒钱，30 年后去法国看她。

对于丹妮无私的爱，袁迪宝深感愧疚。他曾想，如果生女儿，就取名丹妮；如果生儿子，就取名叫尘生。可惜女儿没有，儿子倒是有三个，但"尘生"之名终因妻子不知其意而被否决。袁迪宝只有寄情于杭州山水，每次到杭州出差，必到两人曾经走过的地方静坐沉思，到丹妮在杭州的家——灯芯巷 29 号（现已毁）徘徊张望，让如潮心事打湿眼睛。

十年动乱期间，袁迪宝一家下放到龙岩小池，他与丹妮之间的联系才中断。"文革"结束后，袁迪宝试着给丹妮写信，却被退回来了。

星移斗转，往事如烟。袁迪宝将这段感情深埋于心中，并准备将它带进棺材了。

5. 里昂来信，让异国情缘穿越时空

2010 年春节，袁迪宝的外甥到袁迪宝家拜年，当大家笑谈袁迪宝

在妻子黄秀雪去世后衣着变得随便时，他无意中说起："舅舅年轻时是个大帅哥，在杭州读书时差点娶了个外国老师呢，他们的信件都由我妈妈保管，听说还有一枚金戒指和一缕金色头发……"

这几句话别的人听了也就算了，可是三儿媳欧阳听了却非常上心。晚上，她走到公公的房间，小心翼翼地问他是否曾经和一个外国老师有过恋情？袁迪宝淡淡一笑，陷入回忆之中，一段尘封50多年的异国恋情才浮出水面。

"为什么不再写信给丹妮，以前你怕妈妈伤心，现在她都已经去世十几年了……"欧阳鼓励袁迪宝鸳梦重温。

其实不需要三儿媳这番鼓励，埋藏于心中半个世纪的这段恋情，尽管鱼沉雁落，音信杳然，可袁迪宝又何尝不牵心动肺，朝思暮想呢？

老人开始行动了。袁迪宝花了几个晚上的时间，写了内容相同的5封信，分别寄到他熟悉的地址，收信人是丹妮或她的家人。

2010年5月1日，一封来自法国的信跃然眼前。袁迪宝双手颤颤巍巍地撕下封口，3张写得密密麻麻的信纸夹着一张彩色照片。袁迪宝端详着照片上的人，再看看那熟悉的繁体中文笔迹，不禁老泪纵横，把信紧紧贴在心口上："感谢上帝啊……"

6. 鸳梦重温，谱写完美结局

"我以为那是幻觉，先坐下一会儿，静静地想，我这辈子从没有这样的感觉，又不知该向谁要求解释。"丹妮叙述了自己的经历：1956年随父母回到里昂后，在一家公司做了17年秘书，同时攻读博士学位。1973年10月丹妮接受里昂第三大学之聘当中文老师，直到1992年退休。丹妮一直和父母住在外公留下的一幢房子里，父母去世

年轻的李丹妮和袁迪宝（图片来源：《混血儿》）

李丹妮与袁迪宝年轻时的合影（图片来源：《混血儿》）

一封来自法国里昂的信（图片来源：《混血儿》）

迟到半个世纪的牵手（图片来源：《混血儿》）

后她就独自住在这幢房子里了。从信中看，丹妮终生未婚。

信中还透露：丹妮有一个叫毕诺的学生曾到厦大学中文，丹妮把袁迪宝的地址抄给她，叫她方便时去打听一下情况，但嘱咐她不要乱敲人家的门。毕诺回去跟丹妮报告说那里是有一家姓袁的人家。丹妮知道她曾经所爱的人还在那里平静地生活着，她也就满足了，欣慰了。

其实毕诺找到那户姓袁的人家，可能是袁迪宝姐姐袁德昭一家。因为袁迪宝给丹妮的通讯地址，是鸡山路 1 号的地址。

"最后我郑重告诉你，我唯一的愿望就是邀你来厦一游或长住。你告诉过我鼓浪屿很美，是你随父母回国时在轮船上看到的。"袁迪宝用颤抖的手给丹妮回信，急切希望与丹妮能在美丽的鼓浪屿再续前缘，共度余生！

袁迪宝的儿子和媳妇也被这份爱情感动着，他们真诚表示要邀请丹妮来厦门住，希望老人在晚年能够让青春时代的爱情得到完美的结局。

2010 年 9 月 18 日，厦门高崎机场，李丹妮飞越太平洋，与在厦门翘首以盼的袁迪宝相拥相吻，泪水绽放喜悦之花。

9 月 21 日，中秋节的前一天，厦门民政局，83 岁的李丹妮与 82 岁的袁迪宝老人，领取了他们迟到了半个世纪的结婚证。

八千里路云和月，金风玉露一相逢，便是人间传奇。

许春草与中国婢女救拔团

1931 年 12 月 15 日，一名血流满面、浑身伤痕的女孩前来投奔鼓浪屿的婢女救拔团。女孩说自己名叫翠华，12 岁，是一个兴化人（今莆田）的婢女，但对其主人姓名、住址却一问三不知。婢女救拔团只好派人调查，才知道这女孩是家住鼓浪屿乌埭角兴化人许自立家的婢女，因不堪忍受许家主妇毒打，才跑到婢女救拔团来寻求庇护（1931 年 12 月 16 日《江声报》）。翠华是婢女救拔团成立两年来收留救助的诸多婢女中的一个。

婢女救拔团是许春草一手创办的旨在向蓄婢制挑战的民间团体，于 1930 年 10 月 4 日宣告成立，1941 年太平洋战争爆发，被日军解散。

70 多年后的今天，我们之所以重提婢女救拔团，是源于许春草的广大的慈悲心与非凡的信心。

作为一个虔诚的基督徒，许春草从小就对婢女的悲惨处境深为同情。每当他听到从豪门大院中传出来的婢女被虐打的哭喊声，他就暗下决心有一天一定要解救这些受苦受难的、可怜的婢女。据说他经过长时期的祷告得到神的启示，要建立一个专门的团体来解救婢女。许春草主意已定，既不畏与权贵为敌，亦不顾经济困难，毅然成立了鼓浪屿婢女救拔团。

1930 年 1 月 13 日，早在婢女救拔团宣告成立之前，许春草就在鼓浪屿笔架山发表演讲，宣布"向养婢的恶魔宣战"。1930 年 9 月 27 日，婢女救拔团在厦门小走马路青年会召开记者招待会，张圣才向媒体社会宣告婢女救拔团成立之宗旨："希望于近期间，达到推翻婢制，

许春草与张舜华夫妇（图片来源：《许春草传》）

婢女救拔团宣言

（图片来源：洪卜仁）

婢女救拔团收支账目公布

（图片来源：洪卜仁）

并禁止人口贩卖之目的。"

在这一宗旨下，婢女救拔团不可能像别的民间团体一样，通过获得一定的社会捐赠来解决经费问题。事实上，婢女救拔团成立后的前两年经费完全由许春草借债独立支撑，而这两年是许春草一生经济最穷困的时期之一。如果许春草稍肯妥协，婢女救拔团就可获得大笔进项。有一次厦门台湾流氓头子林阿滚的婢女，逃来请求婢女救拔团庇护。林阿滚威胁许春草说，如果婢女救拔团把他的婢女送还给他，就捐一笔经费给婢女救拔团；如果不交出来，就兵刃相见。许春草给他的回话是："你们这些话正符合一句俗话，叫作'威胁利诱'。我如果怕威胁，就不敢宣言解放婢女，我如果可以受人收买，我早就是一个百万富翁了。我愿意林阿滚先生首先动手。"林阿滚听了这番话，只好乖乖地收兵了。

正如张圣才在宣言中说："经济问题，曾破坏各种巨大事业，曾堕落社会不少人格。故本团对经济问题，特加缜密之考虑，决计不向任何方面募捐，不发任何捐册。社会上人士，有认此项事业有援助之价值，愿意出资帮忙者，本团当指定可靠银行，俾得直接缴交。"

婢女救拔团就是在这样经济困难却又经济独立的情况下，支撑了10余年。

然而，向养婢制宣战，在短期内推翻婢制谈何容易。来自于社会各方面的黑恶势力不断向婢女救拔团发难。

救拔团宣告成立的第三个星期，就遭遇了一场风波。婢女救拔团照章收容了一个请求庇护的婢女，可是这名婢女是当时厦门警备区司令林国赓的外甥王经的婢女。王经请出他的司令舅舅，派陆战队企图武力抢回婢女。许春草毫不畏惧，召集会员数百人，严阵以待。幸而婢女救拔团设在鼓浪屿，王经的陆战队未经许可，不敢擅自登上鼓浪屿。王经只好威吓救拔团代表：如不把婢女从速送还，许春草就别想再过厦门，一到码头，就要逮捕。许春草听后一笑置之，即不放还婢女，也不会"不去厦门"。

当时一位婢女被婢女救拔团收容的厦门首富还扬言："我宁可倾家荡产，也要争这口气！"发誓要跟许春草拼个你死我活。许春草不屈不挠，与他进行了有理有力有节的斗争，获得社会各界广泛的同情和支持。

这几次斗争的胜利，大涨了婢女救拔团的士气。而1930年，日内瓦国际联盟的"反对奴隶制度组织"考察团的到来，则进一步改善了婢女救拔团的处境。该考察团肯定许春草的救拔团，符合反对奴隶的宗旨，要求鼓浪屿领事团通知工部局不得干扰，由此婢女救拔团方减少了一些压力。

婢女救拔团不仅善于"武卫"，更善于"文攻"。救拔团成立不久，就发表宣言，"要求养婢人家立即解放婢女，并提出具体办法：让婢女进正规学校读书；家人不得任意打骂虐待，享受平等地位；课余回家仍可料理家务；不堪虐待的婢女可来救拔团避难，由团里收养培育，学习文化及一门技能；受虐又逃不出牢笼的婢女，救拔团将不惜流血牺牲以武力抢救；设立婢女收容院，按年龄大小分别送'院生'上学，达到结婚年龄的任其自由择偶"。

这份宣言印刷5000张分发厦鼓各界，一时舆论喧腾。在校学生、普通商贩、劳动工人以及各慈善机构表示由衷拥护，蓄婢大户则极为震撼和愤恨。

每年的五一节和双十节，许春草还要举行示威游行，用喊话筒沿途号召："不堪虐待的婢女，来参加游行队伍，争取自由。"收效也不错。救拔团还刊印简报，分送全国，扩大宣传，向厦门乃至全国社会报告救拔团婢女收容情况、财政收支情况和接受捐赠等情况。群众、个人及团体纷纷来信，对救拔团表示同情和支持。

对于无法逃出魔掌或正在被虐打的婢女，救拔团则动员数以百计的少壮团员，直攻惨叫哀哭的劣绅豪宅，武力强行解救，护送到鼓浪屿救世医院医治。婢女治愈后可留在收容院，称作"院生"。她们可在收容院里学习女红、烹饪等生活技能，还可以学习读书写字。适婚的"院生"在收容院待满半年，收容院即介绍适龄本分青年，经"院生"同意，救拔团就以"娘家"立场，在教堂主持正式婚礼。因此"院生"都亲切地称许春草为"阿爸"，称副理事长张圣才为"小舅子"。

而今，婢女救拔团对于我们已是一个陌生的名字。虽然它只在鼓浪屿存在了 10 余年的时间，收容的婢女也不过 300 来人，但它所伸张的正义力量，它所实践的博爱精神，它所表现的慈悲情怀，是我们任何时候都不可忘记、不可失忆的。

中国婢女救拔团二三事

婢女救拔团自 1930 年 10 月 4 宣告成立，至 1941 年被日军解散，前后在鼓浪屿存在了 10 余年时间。其间，婢女救拔团克服重重困难，通过多次斗争，成为当时厦鼓广大婢女的庇护所和救难所。这里笔者就史料所及，择其中二三事，以再现婢女救拔团事迹之点滴。

1. 英仔遇强记

1931 年，20 岁的英仔（林自逊）在"娘家"婢女救拔团康金莲女士的介绍下，与禾山浦南社叶光和订婚。是年 7 月 13 日叶家以彩礼相迎，在陈德修牧师的主持下完成了婚礼。7 月 16 日，新婚燕尔相偕回"娘家"——鼓浪屿婢女救拔团省亲。

英仔是婢女救拔团"院生"。按救拔团的规定，"院生"年满 18 岁，在救拔团满半年以上，即可在救拔团的安排下，自主择偶婚配。而救拔团就被"院生"们亲切地称为"娘家"。这日，英仔在新郎的陪伴下回到鼓浪屿看望"娘家"的姐妹们。大家虽仅别数日，却相见甚欢，说笑打趣，好不热闹。英仔和新郎在救拔团吃过午饭，下午 4 时方才恋恋恋不舍地与众姐妹告辞回禾山。

英仔和新郎行至大同路，忽然半路闪出几条大汉拦住去路。英仔惊慌之下，看清原来是她以前的主人黄添丁带了几个恶汉，专门等在这里要侮辱英仔和她的新郎。黄添丁家住大同路，他买下英仔原是打算再转手他人，从中牟利的。英仔眼看沦落在即，情急之下，不顾一切逃到婢女救拔团寻求救助。救拔团照章收容英仔，并发函各机关声明英仔已受救拔团保护和救助。黄添丁闻讯后，又气又恨，却也不敢到救拔团胡闹，于是才有了这日下午的行径。

黄添丁正与英仔无理取闹，惊动了不远处的岗警前来干涉。岗警讯问之下，难分是非，遂将双方都带到公安局。英仔和新郎真是又气又苦，正不知该怎么办才好。婢女救拔团却早已得知此事，义愤填膺，急忙赶过来与公安局交涉，认为英仔既然已在救拔团的主持下正式结婚，黄添丁凭什么还视英仔为奴婢，还想行压迫之举动？在救拔团义正词严的抗议下，英仔夫妇当晚被救拔团保出，救拔团提出还要进一步严重交涉。（此故事取材于 1931 年 7 月 17 日《江声报》）

2. 1935 年婢女救拔团人数调查

婢女救拔团自成立以来，请求救拔团庇护的人数不断增加。婢女救拔团每年都有"周年报告"，向社会报告一年来婢女收容、财政收支、募捐受赠等工作情况。《江声报》也配合做一些统计报告。1935 年 2 月 22 日的《江声报》就有这样一则人数调查报告。现录之如下：

鼓岭婢女救拔团收容院，创设已四载，收容婢女至现在已有一百二十人。出嫁者三十五人，在院八十五人，兹将本年该院收容婢女及姓名，查志于后：一月十二日，收容柑仔一名，年九岁；猜仔一名，年十二岁；一月二十一日，收郑菊花，年十二岁，婢主陈秀英，住四业松；二月八日，收容二人，一李春梅，十七岁，二春桃，十六岁，系陈国辉第三妾秀莲之婢女；二月十八日，收一人，名新来，十五岁，婢主黄奕住；二月十七日，收二人，一林牡丹，十三岁，二陈香仔，十五岁，系陈国辉第四妾蔡瑞堂之婢女。

从这份报告看，求助的婢女年龄都偏小，多在12岁以上，19岁以下，还有一个9岁的小女孩。

细看这份报告，还真有点意思。不仅有陈国辉三姜秀莲、四姜瑞堂并列榜上，连黄奕住也榜上有名。可见，当时婢女救拔团是"有助无类"的。

3. 扶轮社之捐赠

1935年圣诞节，许春草召集"院生"95人，在鼓浪屿旗尾山原德国领事公馆婢女救拔团召开会议。这次会议主要是为了接受厦门市扶轮社捐赠给救拔团的圣诞礼物。扶轮社是一个基督教扶贫组织。每逢圣诞节都要对贫弱老幼进行捐赠。这天，厦门市扶轮社派了社员马尔定、苏为霖、洪显理、钟伯尔、沈志中、普鲁士、巴士凯、黄其华等10余人到鼓浪屿婢女救拔团来完成这件好事。马尔定、钟伯尔先生先后致辞，巴士凯分发礼物。许春草代表"院生"接受了礼物：每人一件布衫料、一双布鞋。另外洪显理还赠送了篮球、皮球和一些国外玩具。此外，扶轮社还赠送救拔团宴席11桌，给"院生"们会餐。又附送20元，用于该团建秋千架2架。①

① 此故事取材于1935年12月27日《江声报》。

曾上苑虎口脱险

1. 海上汽船

1934 年 3 月 18 日晨，在鼓浪屿与同安的东屏（东屿）海面上，发现一艘无人驾驶的电动汽船。水上派出所即展开侦察。据 1934 年 3 月 24 日《申报》报道，在船上发现白灰甚多，地面狼藉，玻璃破碎，右舱有子弹穿孔，具有明显搏斗的痕迹。

一时间，厦鼓之间，议论纷起，莫衷一是。这艘船到底所属何人？又为什么孤零零地飘浮于海上？在这艘船上到底发生了什么事？

2. 鹭江风浪

事情还得从 1934 年 3 月 17 日那个晚上讲起。是晚 9 时，大千旅社老板曾上苑像往常一样，乘私家电动汽船返鼓。但与往常不一样的是，这次船上多了两个"乘客朋友"。事情就坏在这两个"朋友"身上。1934 年 4 月 1 日的《申报》登载了曾上苑获救后对事情经过的讲述："本人于十七日晚出大千旅社，下汽船渡鼓时，见有二人先在船内，当向司舵林天国、司机许汉国询为伊谁，据称为其友人。拟搭船渡鼓。予以为系林自己伙计，遂不之疑。至中流，偶问顾，见汽船后曳一小舢板。再询林以该小船为谁物，林答系其友船，附牵往鼓载客。正怀疑间，舢板舱底突蹿出四人，皆执有器械，知有异。四人已跃过汽船，一人以白灰粉包猛塞予口，并以手枪抵予□，时先在汽船之两人，亦各出枪（一抵司舵，一抵司机），于是电船乃直驶嵩屿东屿间之大屿而去。

经水上公安局查验船处，水警曾以手电□汽船何往，匪以赴鼓屿对。其实航线绝对不符，使当时水警以其不符航向，而令其靠近检验，则其时或可得救矣。即过查验船处，将近大屿，匪开一枪，碎司舵室玻璃，此即后获空船中有弹痕弹壳及白粉之由来也。"

可惜当时水上公安局没有足够的警觉，不然曾上苑就不会在绑匪的"陪同"下在天竺山受 10 日煎熬了。

3. 虎口脱险

绑匪劫持曾上苑，目的是为了绑票，所以倒也没有难为他。每天好吃好喝招待他，说只要曾的家人拿 20 万元赎金即可让其安然而归。曾上苑一边小心应付着绑匪，一边坐如针毡，心急火燎，寻思脱身之计。

曾上苑苦思冥想，到底想出了一个好办法。曾看出看守他的四个土匪中有一个并非甘心为匪，而是被迫为匪。曾于是晓之以理，动之以利，承诺只要帮助他安全逃出，即给报酬 5 万元，并答应带他们兄弟俩出洋发展。此看匪闻之甚为心动，遂让其兄做线人，到鼓浪屿找到曾上苑的儿子曾仰望，将曾上苑关押的地点告之于他。曾仰望即于 3 月 26 日到同安，向驻军三十六师一〇八旅二一五团部，请派兵起票。3 月 27 日上午，团长刘英当即派兵 150 人赶往天竺山，在看匪之兄的引导下，救出已被囚 10 天的曾上苑。

4. 曾上苑其人

曾上苑绑架案可谓厦鼓哗然，惊动一时。人们不禁要问，厦鼓巨商云集，绑匪为什么独独看中了时年 65 岁的曾上苑呢？曾上苑又是什么人呢？

　　曾上苑，缅甸华侨，入英国籍。生于 1870 年，厦门市郊杏林镇曾营乡（昔属同安县辖）人。与那时候的许多华侨一样，曾上苑也走过了"贫困、渡洋、致富、受胁、远走、尾声"这条路。1909 年，曾上苑赴实叻坡（今新加坡）谋生。初为米行伙计，又调任粮食押运。后向老板建议到缅甸首府仰光开米厂。1913 年，曾上苑在仰光对"开方道"港区设立"益和成"米厂。1914 年第一次世界大战爆发，世界大米供不应求，曾上苑米厂扩张到三家，拥有员工千余人。曾上苑的财富也随之攀升，成为缅甸侨商巨头。1919 年携巨资返乡，定居鼓浪屿安海角 38 号，建西式别墅数幢。此后，曾上苑积极投身于厦鼓地方公共事业建设。他先后投资银行业、电灯公司、自来水公司、民产公司、东方汽水厂、漳嵩汽车运输公司，但曾上苑在厦门最大的手笔还是大千旅社的落成。鉴于厦门乃巨商富贾往来之要津，而厦门无一家像样之旅馆，曾上苑斥巨资在中山路建起一座颇具现代规模、功能齐全、高档豪华的四层大楼（今海关边的春光酒店），即当时名盛一时的"大千旅社"。

　　殊不知，大千旅社的隆重开张和生意红火，引起了盘踞于同安、晋江、南安三县交界处天竺山的匪徒的注意。这才有了上述曾上苑惊魂的一幕，真应了"祸福相依"的古话。

5. 两种表情

　　曾上苑虎口脱险后，惊魂未定，惊吓成疾，卧病在床。于是大门紧闭，拒不见客。但有两个人他是很难避而不见的，即帮他脱险的看匪兄弟。曾上苑当时答应成功脱逃后给他们 5 万元，可是完事了他们拿到手的才区区 500 元。看匪兄弟三番五次向曾追讨，"屡向请益，初犹婉词推托，继则雇请保镖人把守门户，不许见面，欲向官控诉，又恐反被惩以附匪之罪。于是进退两难者，今已经月"（1934 年 4 月 27 日《江声报》）。可怜看匪兄弟俩，钱没讨到手，又不敢回灌口的家，怕被匪首追杀。正当此时，曾上苑又派人用电船将这对难兄难弟丢在集美，即扬长而去。这兄弟俩走投无路，只好暂返安溪老家。

曾上苑卧病旬日，始而痊愈。即在"大千旅社"宴请三十六师一〇八旅旅长傅正□、二一五团团长刘英等人，答谢他们的救命之恩。寒暑之情，由此可见一斑。

6. 一个疑点

据曾上苑自己所述，当时船上两人他是不认识的。但据 1934 年 3 月 24 日《申报》载："又据大千旅社消息，绑匪先有二人于旬日前寄寓旅社，当曾每日到社时，□与曾攀谈。彼此已认识。十七日夜，该二人挽曾共饭，后谓将赴鼓，曾遂同乘汽船，二人答以甚好，乃同乘汽船，疑曾即由此绑也。"由此看来，曾显然是认识船上二人的。曾自述说不认识此二人，大概碍于面子，不好意思承认自己引狼入室，引火烧身之故吧。

"息园"之谜

1. 走过"息园"

行人走过鼓浪屿的福建路，多半是跟着导游去参观"海天堂构"。而与"海天堂构"后门一街相邻的福建路 37 号则鲜为人知，少人问津。

相对于"海天堂构"之巍峨富丽、重檐华彩，福建路 37 号之被人忽视似乎顺理成章。这幢西式红砖洋楼在鼓浪屿上千幢风格各异、自成一体的别墅中确实不引人注目。但如果你愿意驻足楼前，注视此楼两分钟，就会发现此楼的奇特之处。一幢楼看似整体，实又一分为二。里边的一半，高拱宽廊、清水红砖，舒朗有致。外边的一半，无拱无廊、砖糙缝粗，直壁而立。如此构造既有碍美观又不利实用，不由得人不去揣测个中是否有隐秘的用意。

如果你再有点耐心，步入其院。环视院中，树叶婆娑，景物寻常。你正想转身离去，却可能从此错过了福建路 37 号深藏的秘密。

因为你可能忽略了一座水泥高台。这当然不能怪你粗心，而只能怪这座水泥高台实在太不起眼：此台高于地面两米，无花饰亦无造型，直直平平立于楼之对面，实在好不突兀。此台建于何时？又适于何用？秘密，就藏在这里。

藏在这里的是一具棺木，所以这座高台其实是一座坟墓。它有一个已渐不为人知的名字——"息园"。那么，"息园"主人何人？又何以葬身此院？

福建路 37 号的"两张面孔"（图片来源：詹朝霞）

陈国辉故居（鼓浪屿福建路 37 号）（图片来源：詹朝霞）

2. 闽南枭雄陈国辉

要说此事，还得从头道来。20世纪20—30年代的鼓浪屿，大兴土木，华屋高筑。华侨与洋人，是其间主体。一时各色人物，风云际会，亦平添鼓浪屿之热闹色彩。陈国辉，即是其中不可缺少的一笔色彩。

几乎所有的史料，都称陈国辉为匪，而我更愿意称之为闽南枭雄。陈国辉，别号耀臣，福建南安九都西村人，生于1898年（一说是1895年），死于1932年。35岁的生命可谓短暂，但其平生所为，却至今仍令人齿寒与扼腕。

从这张陈国辉被捕时拍的照片中，看不出陈国辉脸上的麻子，倒有几分英气逼人，与其幼时的绰号"猫五"并不相符（闽南人呼麻子为猫），难怪据说陈国辉的三妻四妾个个对其死心塌地。然而陈国辉的作为远远不止在脂粉堆里，他纵横乡里、为非作歹的时候也不过20来岁。

这个随母亲再嫁的放牛娃嗜肉如命，在持续的饥饿中，他跑到山上当了一名勤务兵，年仅18。这个勤务兵不简单。主子的脑袋一茬一茬地落地，勤务兵的官阶一级一级地攀升。他先后投靠许卓然、李厚基、许崇智、张贞、何应钦、方声涛等人，参加过北洋军、北伐军、靖国军、护法军、讨贼军、省防军，由一名勤务兵逐渐升至国民党中将旅长，时年不过30出头。

30出头的陈国辉可谓一时风光无限。势力所及莆田、仙游、晋江、南安、惠安、安溪、永春、德化等地，号称"泉南王"。与其时割据一方的军阀不同的是，陈国辉抬头为官，转身为匪，官匪一身。为官时，修路架桥，建设市政，捐资办学，倡修孔庙，扶助乡里，为乡人感戴；

1932 年 9 月陈国辉在福州就捕时照片（资料照片）

1932 年 12 月 24 日《江声报》报道陈国辉被执行枪决消息

（图片来源：洪卜供）

为匪时，敲诈勒索，横征暴敛，烧杀掳掠，强种鸦片，祸害乡里，为乡人所切齿，尤为华侨所痛恨。

3. 陈国辉之死

累积的愤怒与仇恨总有爆发的一天。1932 年 9 月 26 日，陈国辉应福建省主席方声涛电邀乘飞机从仙游飞抵福州，参加军事会议。9 月 27 日 9 时 20 分，陈国辉赴绥靖公署拜会，即被逮捕。在吃过 10 月 13 日的二十军棍后，陈国辉已离死期不远。但这个称霸一方的闽南枭雄走向死亡的脚步并不向人们期待的那么快。若不是思明等 7 个县党部及兴泉永各乡会联合上书国民党最高当局，通电国内各大报，强烈反对将陈国辉交由省府、绥靖、司法三机关组织特别法庭会审，陈国辉的死期就不会是 1932 年 12 月 23 日了。此日，陈国辉毙命于十九路军的枪口下，时年 35 岁。行刑的地点为福州东湖较场口。"陈不肯下跪，行刑者对陈胸部开一枪，子弹由背部穿出，陈即倒地。旋又头部开一枪，弹穿后脑出，遂告毙命。"（《江声报》1932 年 12 月 24 日）

4. 归葬"息园"

陈国辉的尸首陈于光天化日之下，观者数千人。两天之后，陈国辉好友，时任福建省府委员兼建设厅长许显时及泉永公路局长宋廷瑜出面为陈国辉料理后事。但陈国辉最后的归宿却是由其爱妾蔡瑞堂（又作蔡瑞桐）一锤定音的。本来迷信风水的陈国辉生前就在其家乡南安诗山区大廷乡选了一块风水宝地，名之曰"虎穴"。陈国辉的部属陈育才、陈雄金等不忘故主，"咸主张迎棺回梓，安葬于陈生前自营之虎穴，以遂陈之凤愿"（《江声报》1934 年 4 月 15 日）。关键时刻，

昔日"息园"，今日高台（图片来源：詹朝霞）

陈国辉的四妾发表了决定性的意见："惟陈第四妾瑞桐，以陈生前仇敌众多，如张雄南、高为国等部属，均与陈深仇。绿林中难保无伍子胥其人，为此力排众议，主张将陈葬鼓。讨论结果，公认英雄所见，不及英雄之完善，以是遂葬于鼓洋墓口住宅内之空地。"（《江声报》1934 年 4 月 15 日）1934 年 6 月 20 日，陈国辉毙命一年半之后，隆重归葬于鼓浪屿福建路 L6 号（现福建路 37 号）其爱妾蔡瑞堂的花园住宅。这就是我们现在所看到的水泥高台，陈国辉的墓地——"息园"。

可是当时的"息园"与我们现在所看到的完全是两回事。当时"息园"延请名师绘制"壮丽宏敞之图式，连带花园坟墓，均采取新式之建筑，并拟为陈立一铜像，以垂永久。预算以三万金筑造坟墓，二万金修做功果"（《江声报》1934 年 4 月 15 日）。"息园"之高大轩昂、华丽奢侈由此可见一斑。可惜"息园"毁于"文革"，变成了现在我们看到的水泥高台，而陈国辉其人其事也随风云流散。

陈国辉妻妾们的遗产之争

1. 午后的报警

1935 年 10 月 15 日午后 2 时，鼓浪屿福建路 L6 号，陈国辉"息园"内突然"鸣笛喊抢"，紧急向鼓浪屿工部局报警，"请派探围捕"。可是等工部局特探长郑西海急派侦探到达的时候，只见院外家具堆积了一地，旁边围了一堆看热闹的人，而院内却寂然无声。

这到底是怎么回事呢？原来陈国辉生前风流，妻妾成群，子女众多。但陈国辉毙命于福州东湖时，身边并无一个亲人。那么他生前横征暴敛巧取豪夺来的大笔遗产的归宿就成了焦点问题，由此引发了长达数月的陈国辉财产纠纷案。

而上面的一幕就拉开了这桩遗产纠纷案的序幕。据说陈国辉共有妻妾四人，子女 17 人（一说 16 人）。长二房已各有所获，所以遗产纠纷的焦点就集中在三妾叶秀莲与四妾蔡瑞堂之间。平时叶秀莲住九都，管理田园。蔡瑞堂居鼓，坐拥福建路 L6 号花园别墅。陈国辉死后，叶秀莲迁居鼓浪屿，租住岩仔脚草埔阿红砖楼，却已欠房租四五个月。叶秀莲屡向蔡瑞堂要求补助，都被蔡拒绝。叶情急之下，投诉于陈氏自治会。族长陈荣芳等出面调停。经陈育才等斡旋，叶打算搬入福建路 L6 号与蔡同住。但蔡不是省油的灯，不仅命人锁门，阻止叶将家具搬入，还大骂叶是"土匪婆"。于是就有了上面这"精彩"的一幕。

2. 叶秀莲自杀

事情还只是个开始。1935 年 11 月 4 日，叶秀莲悬绳自杀，宣告其在这次陈国辉遗产叶蔡之争中彻底失利。所幸叶秀莲命不该绝,被人救起。至此,陈国辉遗产之争才显冰山一角。1935 年 11 月 5 日的《江声报》有这样一篇报道:"陈国辉死后所遗财产,一部由蔡瑞堂(四妾)掌管,一部由雷邹鲁经理。国辉生前,固不以此为私产。且其款多为部属旧□留存者。国辉死后,部属不忍向其家属提议处分。不图至今乃为经营之人所把持,致使叶秀莲(三妾)抚养子女之费亦告窘乏。曾劝告该经管人,须酌给财产,俾其维持生活。福建路洋楼两座,系诸部属以公积金,用六美公司名义购置。蔡瑞堂于一家居住之余复邀其外家及陈文卫同居,尚有余剩空房甚多,自可容秀莲搬入居住,以免在外无资租赁。乃当秀莲欲搬入之时,瑞堂力加阻挠,甚至捏造抢劫,妄报工部局,发动探捕。□又多方恫怖,以冀长久操持,于法于理,皆不合云云。"

由此可见,社会舆论是同情"弱者"三妾叶秀莲的,而对四妾蔡瑞堂则颇有微词。但是这并不能解决问题,解决问题还得靠打官司。

3. 开始打官司

在官司开打以前,叶秀莲还遇到一件麻烦事。1936 年 4 月 9 日晨,鼓浪屿黄家渡码头,陈国辉长子(养子)陈朝阳与叶秀莲再次上演了一幕争夺财产的闹剧,观者如堵。上次叶与蔡争斗,陈朝阳没有赶上。这次陈朝阳则"当仁不让",亲自出马跑到福建路 3 号,雇人强行把叶秀莲屋内之家具搬到黄家渡码头,准备运到厦门拍卖。

这样,叶秀莲除了打官司以外,还真没有别的出路了。1936 年 4 月 29 日,叶秀莲向厦门法院状告雷邹鲁背信侵占其夫遗产,请求法院追讨。1936 年 6 月 4 日,叶秀莲又向法院控告四妾蔡瑞堂与雷邹鲁勾结,

1935 年 11 月 5 日《江声报》报道陈国辉三姿自杀事件

（图片来源：洪卜仁）

1936 年 6 月 16 日《江声报》报道陈国辉遗产纠纷案终结

（图片来源：洪卜仁）

在两三年内，将益南财产转移至"杨益记"、"蔡瑞益"、"蔡益瑞"、"益瑞公司"名下不下五六十万元。

可是不仅蔡瑞堂不出庭应诉，反而跳出个陈朝阳反诉叶秀莲诬告，这下官司就不能不热闹起来了。一边是叶秀莲诉雷邹鲁、蔡瑞堂背信勾结侵占陈国辉遗产，一边是陈国辉长子陈朝阳诉叶秀莲诬告。双方各聘律师，唇枪舌剑，互不相让，僵持四个月后，这宗遗产纠纷案才于 1936 年 9 月宣告结束。

打了这么久的遗产官司，那么陈国辉的遗产到底有多少呢？

4. 陈国辉的遗产

据 1936 年 5 月 1 日《厦门大报》报道，陈国辉遗产有 800 万。"可稽考者，一、民十九年第一届烟苗款一百五十余万元；二、民二十年第二届烟苗款二百五十余万；三、金瓜桥局每月收入三万元，计三十三个月，共九十九万元；四、由罪昌汇香港雷邹鲁经手交蔡瑞堂秘密自九都携出者，桌币、白银不下二百万元，总数八百万余。除蔡私蓄约二百万元外，余均雷一手经营。"另据 1936 年 9 月 11 日《江声报》载："查陈国辉所吸人民脂膏何止数千万。而其死后遗产，外传亦有千万。"如此看来，陈国辉生前名下财产应不在 800 万以下。一笔如此庞大的财产，难怪引得各色人等粉墨登场，你争我夺，对簿公堂，演出一幕又一幕争夺财产的闹剧。

5. 官司的结束

再复杂的官司也总得有个了结的时候。1936 年 9 月 6 日在陈佩玉、彭棠两团长的规劝下，和解了结。据 1936 年 9 月 7 日《江声报》报道："据说陈国辉遗产全部八九十万元。但因商业区亏蚀，实际仅有四五十万。其和解分产办法，系以国辉各妻妾所生之十七子，按名均分。"此日《江声报》还分析了此宗遗产纠纷案的由来："此次陈妾纠纷，内容甚为复杂。闻陈之家族，间有九都派、洪濑派、永春派之分。盖陈妾为永春人，四妾蔡瑞堂为洪濑人，三妾叶秀莲乃金淘人，而为地道之九都派系也。国辉死后，其妻妾各有私蓄。四妾最多，大妇亦不少，三妾则皆弗如。故诉讼之起，由三妾发动。然其间亦各有其背景，各有其军师，九都派不敌四妾，实为该案之导火线云。"

陈国辉四妾蔡瑞堂

强占华侨妻妾是陈国辉最为华侨所痛恨的地方，也是他最终被十九路军枪毙的原因之一。陈国辉到底强占了多少华侨妻妾现在无从考证。在我们所知的他的四个小妾中，被时人称为"金安琪儿"的四妾蔡瑞堂，无疑最引人注目。

蔡瑞堂的容貌我们如今难以想象，但她"虽貌中姿，而丰韵不恶，垂涎者众"（1936 年 8 月 3 日《厦门大报》），想来也是风骚入骨、魅力不凡的。这也是她最后成为陈国辉众妾之中"擅专房宠"的最大资本。

可要说蔡瑞堂为陈国辉所霸，却并不尽然。实际上，是蔡瑞堂自己"投怀送抱"，倾倒在陈国辉的英姿之下，成为陈国辉实际上的"压寨夫人"。陈国辉的全部财产最后都在蔡瑞堂的把持之中。

看来，这个蔡瑞堂实在不一般。生于南安洪濑湖尾的蔡瑞堂本来已为人妇。其夫黄廟在小吕宋（今菲律宾）经商，已拥资 10 余万，也算得上一个不小的财主了。这两人婚后感情还很好。蔡瑞堂只是与小姑合不来，就搬回娘家住。黄廟自去小吕宋经商，每月寄四五十元给蔡瑞堂，供其开销。蔡瑞堂这时对黄廟应该还是余情未断吧。

有道是饱暖思淫欲。大概像蔡瑞堂这样的留守媳妇在洪濑为数不少，一方面闺中寂寞，一方面为了解决一些生计问题，因此在洪濑稍有姿色而寂寞难耐的少妇，大都持半掩门生涯。素有"银粉足以迷惑天下之金安琪儿"之称的蔡瑞堂，自然"垂涎者众"，门前热闹。

洪濑是陈国辉的地盘。为了一亲蔡瑞堂的芳泽，陈国辉的部属少不了会动起武来。而留守媳妇蔡瑞堂也终于疲于应付，便问计于陈狮。陈狮说，那还不简单，我帮你找个保护伞。这个保护伞就是陈国辉，陈国辉当天晚上就去了蔡瑞堂家。从此蔡瑞堂攀上陈国辉这棵大树，以"闽南金安琪儿"自命，成为陈国辉的禁脔。第二天早晨，陈国辉返九都，临行前，拿出一块金表赠蔡瑞堂，对她说："你戴上这块金表，以后就没人敢动你了。"

从此以后，但凡有对蔡瑞堂生非分之想而又不能讨她欢心的人，蔡瑞堂即示以金表，正颜厉色地说："你知道这金表是谁戴的吗？你若不走，我必有办法收拾你！"陈国辉部属都惧怕陈国辉，从此不敢在蔡瑞堂面前造次。

蔡瑞堂很是得意，心下窃喜，以为既得幸于陈国辉，则"压寨夫人"非她莫属。可是蔡瑞堂并非自由身，但这一点也难不倒"金安琪儿"蔡瑞堂。她当即修书一封给她远在吕宋的丈夫黄廟，说愿意以五百金赎回婚聘书，以求与黄廟解脱婚姻关系。黄廟得信，始知同衾人已归"泉南王"陈国辉，真是悲愤欲绝。但黄廟摄于陈国辉之威，只好自认倒霉了。

解除了与黄廟的婚姻，蔡瑞堂刻不容缓地直奔山头城找陈国辉，毛遂自荐愿为陈国辉之妾。陈国辉早已尝过这位"金安琪儿"的滋味，当即收下蔡瑞堂为四妾。

蔡瑞堂虽为陈国辉四妾，但却成为陈国辉庞大资产的真正掌管者，其心计多端、手段高明，由此可以想见。陈国辉被枪毙后，蔡瑞堂力排众议，在其鼓浪屿福建路37号住宅筑"息园"以安葬陈国辉遗体，算是对陈国辉尽了为妾的情分。

占尽风光、独霸财产的四妾蔡瑞堂当然难以为众妾所容。不久三妾叶秀莲状告蔡瑞堂与陈国辉的财产管理人雷邹鲁私通，共同霸占陈国辉遗产，从而使蔡瑞堂成为鼓浪屿这一著名遗产官司案的女主角。官司的具体过程另文详述，在此不再赘述。而蔡瑞堂的故事到此也暂告了一段落。

据说蔡瑞堂后来与陈国辉生前的司机携大笔资金跑到香港，后又被其所抛，不知所终。

"美国少爷兵"

只要美国舰艇一到厦门，厦门和鼓浪屿的街道上就总能看见成群结队的"美国少爷兵"。他们一上岸，就冲着三样东西去——酒、古董和女人，很少有不惹是生非的。鼓浪屿的居民因为常常碰到他们无理取闹，都避之唯恐不及。更有甚者，有一次几个水兵当街调戏妇女，险些闹动风潮。

1. 码头胡闹

1948 年 5 月 25 日，美国军舰又来到厦门，舰上水兵迫不及待地登上鼓浪屿。下午 2 时许，4 个美国水兵坐在龙头的电船码头，百无聊赖地东张西望。突然他们眼前一亮，看见四五个中国妙龄女子从码头下船，就对她们紧盯不放。这四五个女子发现几个美国水兵虎视眈眈地盯着她们看，吓得裹足不前，不敢上岸。还好，后面来了几条民船，都是男客，这几个女子就跟在男客后面，想跑上岸。几个美国水兵一见，以为机会来了，就动起手脚来了。几个女子就拼命地逃。

在中国的领土上，在光天化日之下，美国水兵居然公然调戏良家妇女。几条民船的工友和乘客们一见之下，义愤填膺，齐声喊打。"四个美国水兵就站住码头，准备'目盛'，各民船工友分途由龙头包抄。"（1948 年 5 月 25 日《厦门大报》）在这紧要关头，不知从哪儿又冒出 4 个美国兵，其中 2 人带枪，大有大干一场的架势。民船中有老成练达者，一见这情形，害怕吃眼前亏，伤及无辜，只好叫大家住手。一场风波，就此平息。

兴贤宫前的水兵（图片来源：白桦）

龙头路街头的美国兵（图片来源：白桦）

一场风波是平息了，但这件事怎么想怎么不对劲，实在让人不解气。而3个月前（1948年2月5日）在鼓浪屿轮渡码头发生的一起类似事件，更让人心意难平。

2. 大闹轮渡

1948年2月5日夜9时左右，鼓浪屿轮渡码头突然被美国水兵捣毁，票房窗户玻璃器具被砸。鼓浪屿警察局所长闻报，急率警员赶往轮渡码头进行弹压。据调查，事情经过如下。

原来是有六七个美国水兵，喝得醉醺醺的，要下轮渡返厦。验票员蔡静芬照例向他们收票。不想这几个水兵不仅不出示船票，还丑态百出调戏女验票员。别的旅客看不下去，上前劝止，遂起冲突，情况混乱。美国水兵迁怒轮渡公司，大发淫威，大打出手，砸毁票房玻璃器具等。

事情闹到这种地步，鼓浪屿警察局所长也只好求助美国巡视宪兵。大家都知道，美国水兵怕宪兵。宪兵当场命肇事水兵向鼓警方赔礼道歉，一场风波又告平息。

美国水兵在中国的领土上耍刁放肆，而最后中国警方还得靠了美国宪兵才讨得个道歉，可见弱国无外交，此言不虚。

3. 一瓶威士忌的代价

1949年5月31日下午7时许，鼓浪屿龙头码头，突然一声枪响，吓得周围民众四处逃散，但未伤及任何一个人。原来开枪的是鼓浪屿岗警刘汉祥。

刘汉祥为什么开枪？又为何未伤一人？

　　故事还得从头说起。自抗战结束后，美国军舰频频出现在厦门鹭江海面上，曾经是公共租界的鼓浪屿自然成了美国水兵们最佳消遣去处。这些美国水兵每次上鼓浪屿，除了喝酒、买古董和玩女人，倒也不像英国兵那么爱生事。但酒醉之后，就难保不闹出点什么事。所以当时有的媒体称这些美国水兵为"美国少爷兵"。不过大多数时候，这些"美国少爷兵"在鼓浪屿都没捞到什么好果子吃，最后都灰溜溜地回到他们的舰上去了。

　　这天，有两个美国水兵喝多了酒，在龙头街招摇过市。他们撞入"发记"商店。一水兵拿出一美元想买一瓶威士忌，店主说一瓶威士忌要两美元。两厢讨价还价不成，美国水兵一气之下，把一瓶威士忌和一美元一起砸向地下，扬长而去。

　　威士忌被砸碎，美国兵又跑了，店主实在气不打一处来，怒气冲冲追出去，一直追到码头，路边行人一路围观。闹明白怎么回事后，大家都齐声喊打。肇事的美国水兵一见情况不妙，就地蹲下来，双手护头，任拳打脚踢也不敢还手了。

　　正在难分难解之际，岗警刘汉祥及时赶到。美国水兵仿佛抓到救命稻草，死死抓住刘汉祥不放。刘汉祥一急之下，向天空开了一枪。这一枪终于让这个美国水兵松了手，但却招来了10多个美国水兵。这些美国水兵扶着肇事水兵就往停在海面的汽艇跑。刘汉祥"以其滋事，又被侮辱，不准其开去"（1949年6月18日《厦门大报》）。正在这时，换班警士到，两人商量怎么扣留肇事水兵。可面对十几个美国水兵，刘汉祥他们显然已是寡不敌众，于是向天空连开两枪。但这可乐坏了美国水兵们，因为他们发现刘汉祥他们的短枪不灵，居然是闷枪。眼看美国水兵们就要逃之夭夭，两个美国SP宪兵（专门用来监督美国水兵行为的）的及时出现，使局面发生了根本的转变。

两位美国SP宪兵首先对发生的事表示道歉，并拿出两美元作为赔偿"发记"的酒资，还答应以后不再发生类似事件。一场纠纷始告结束。

4. "双兰斋"飞来横财

上述事件中，如果中国人与美国兵只能算打了个平手的话，那下面这件事，"美国少爷兵"可就有点吃亏了。

1948年1月31日，也是几个"美国少爷兵"，到鼓浪屿乐园闹酒。其中一个还觉不过瘾，在龙头街头大呼小叫，徘徊不去。他走到"双兰斋"糖果店，见五颜六色的糖果摆了一摊。也不知他哪根神经短路，乘着酒意，竟一下把摊点掀翻。店主何阿成气急之下，立即报警将该水兵扣下。活该这个水兵倒霉，刚好碰到厦门市外事局郑扬靖到鼓浪屿来。郑扬靖把这"可怜"的水兵带到鼓分局讯问。此时水兵的态度真是好极了，一口一个不是，还主动表示愿意出15美元做赔偿，算是破财免灾。这下可乐坏了"双兰斋"店主何阿成，他因祸得福，发了笔小横财，能不喜形于色吗？

5. "失踪"一夜的少爷兵

美国水兵喝了酒虽然喜欢闹点事出来，但并不都是针对中国人的。有一次一个水兵薄酒微醉后，居然不顾美军舰艇规定，擅自于夜里9时着短衣裤泅水而过，到鼓浪屿寻花问柳。但可笑的是，他却突然玩起了"失踪"游戏，在厦鼓上演了一场中美联合"海陆"大搜索的闹剧，闹出一个大大的笑话。

是夜，该水兵在鼓浪屿和记码头登陆。值勤巡捕见其浑身水淋淋的，就上前询问。水兵说他要找旅社安身，巡捕就把他带到日兴街龙头旅社开房。可巡捕就是巡捕，转身就电话报告工部局。工部局正在纳闷之际，又接到美舰艇电话，说有个水兵失踪了，请工部局帮忙查找。工部局立马出动侦探到龙头寻该水兵。可怜这个"少爷兵"，还没缓过劲来，就得知被"海陆"联搜，顿时欲念全消。他的第一反应就是狂奔 1000 米至黄家渡码头，一个猛扎跳进海里，向美军舰艇游去。可惜人不是铁打的，美国水兵身疲力竭，又遇风高浪急，遂被海浪飘打到港外。算这家伙运气好，眼看命在旦夕，却被一艘中国渔船救起。

这边美国水兵被渔船救起，另一边却忙坏了工部局，另加十几个美国水兵。二者联袂出击，在鼓浪屿展开地毯式搜索，却都无功而返。

天亮了，十几个美国水兵只好回舰复命，工部局侦探也只有回局报告。而与此同时，那个"失踪"的水兵被渔船送回，"准时"在美军舰艇露面。

一场虚惊过去，不知道等待他的，是同伴们的笑脸还是长官的臭脸？

"铁人"大发"牵猴财"

美国水兵到鼓浪屿，最高兴的人要算"铁人"了。"铁人"平时在鼓浪屿游手好闲，只有在美国水兵光顾鼓浪屿的日子，才活蹦乱跳，"如鱼得水"，大发其财。

1. "牵猴财"是怎么发的

1949 年 6 月，美国军舰访问厦门，水兵们照例要到鼓浪屿寻欢作乐的。"铁人"的生意也就红火起来。6 月 17 日，"铁人"拉了一群美国水兵到蓬莱旅社。蓬莱旅社和龙头旅社都是当时鼓浪屿有名的上等"妓寮"。

一下子来了这么多"肥客"，蓬莱旅社真是眉开眼笑，心想发财的机会来了。赶紧派人到厦门邀集女人，连发育尚未健全的女孩都不放过。但是鼓浪屿警察局林所长的出现，破灭了蓬莱旅社的发财梦。原来林所长闻讯而动，立即派警士到蓬莱旅社。美国水兵眼疾腿快，瞬间作鸟兽散，跑得无影无踪。倒是这些从厦门带来的女人，来不及跑，被林所长拘留了 7 天以示惩罚。

蓬莱旅社没发成财，可并不影响"铁人"发财。"铁人"的据点多，转身又带了 3 个水兵到市场路 85 号梁家"私寮"。所谓梁家"私寮"，其实是龙头旅社老板的女儿梁珠的住所。可是梁珠觉得这批美国水兵既非"肥货"又易生事，所以并不大欢迎他们。可美国水兵却硬要流连不去。这可成全了"铁人"，他"牵猴"成功，大发了一笔"牵猴财"。

"据说这次美水兵在鼓玩女人的代价每个美钞五元，'牵猴'的可分得一元五角,其余三元五角是旅社和妓女平分秋色。所以铁人这几天来,手上的金戒指多了起来。"（1949 年 6 月 19 日《厦门大报》）

2."铁人"的外快

"铁人"大发"牵猴财"的那几天,鼓浪屿的雨下得很大。但这不仅没有影响"铁人"大发"牵猴财",还让他顺手捞了点外快。

"铁人"发现美国水兵都不用雨伞,而且对中国的很多玩意都很好奇。于是心血来潮,低价进了十几顶竹笠,见了洋人就"夏啰!夏啰!""远卢拉!远卢拉!"地喊。没想到洋人很吃这一"喊",刹那间一哄而上,"铁人"手上的竹笠一销而空。"铁人"又结结实实发了一笔"竹笠财"。

看来这"铁人"不是白叫的,这"外快"也不是谁都能捞的。

洋人世界万花筒

20 世纪初至 40 年代，作为公共租界的鼓浪屿，在治外法权的保护下，治安相对安宁。各国洋人游历、居住于鼓浪屿，他们传教、办学或经商，潜移默化地影响着鼓浪屿。但并非所有来鼓浪屿的洋人都是正当而体面的，其中鱼目混珠、坑蒙拐骗之徒也不少。以下两则故事略可窥斑见豹，但因手中史料所限，难以详尽。

1. 六个洋人，两场大祸

1936 年 10 月 3 日凌晨 1 时许，鼓浪屿龙头码头一阵喧闹。在一艘小舢板上，一个 15 岁的船夫正与 3 个醉醺醺的美国人索要船费。原来 3 个美国人在厦门喝得酩酊大醉，跑到水仙码头雇了小船夫的小舢板回鼓。船到鼓浪屿，他们居然仗着人多势众，不但不给船费，还将小船夫一把推到海里。幸好小船夫水性好，在海中扑腾几下，没被淹死。可是祸不单行，小船夫因为急着讨船费，小舢板来不及系好，便随波漂走。可怜小船夫手忙脚乱地又去抢救他的舢板船。小舢板越漂越远，小船夫也不知所踪，生死不明。

3 个醉酒的美国人，1 个无辜的小船夫，真是一个让人一听之下就气不打一处来的故事。可惜因为史料所限，不知可怜的小船夫最后是死是活，这 3 个可恶的美国人有没有受到应有的惩罚。

3 个美国人惹的这一场大祸不知后来如何了结。另外 3 个洋人（国籍不详）却于差不多同一时间又闹出另一场祸害。

这 3 个洋人到思明南路蝴蝶舞场跳舞，跳到凌晨 2 时方尽兴而归。

3 个人走到胡同口，冷不防从后面冒出一群人，将他们围住就拳脚交
加。其中一洋人被小刀刺伤后脑，血流不止。岗警闻讯而至，查询原
因，并要送伤者到医院治疗。出人意料的是，3 个洋人都说不必送医院。
至于凶手他们自己都认识，只是今天时间太晚，不打算与他们算账，
等天亮再与他们交涉。3 个洋人说完就拦了辆人力车由中山路岛美码
头雇船回鼓浪屿。

3 个洋人何国人氏？围殴他们的又是何人？又因何事殴打他们？
他们为什么又不急于跟打他们的人论理？诸多疑问，史料阙如，只好
存疑了。[①]

2. 逞凶殴打小国民，洋人露天受公审

1949 年 8 月 13 日下午 2 时，鼓浪屿大宫口（现马约翰广场）围
了一大群人。这天不是保生大帝的生日，也不是别的什么节日，所以
他们肯定不是来看戏的。引起他们围而聚之的，是一个洋人和一个
十五六岁的华人孩子。只见洋人扯住孩子的前襟，向前一扭，孩子衣
服的扣子被撕破。洋人指着孩子大声对大宫口岗警告状，说这个孩子
撕破他的广告。

原来洋人是鼓浪屿丹麦大北电信公司的职员，丹麦人，名叫左建信，
35 岁。孩子名叫陈永安，家就住在大北电信楼旁边。丹麦大北电信公
司因为要从鼓浪屿拆走，所以这些天在田尾路等各处张贴拍卖广告，
要卖家具。这天陈永安随手撕下一张已被风吹雨淋得残破不堪的广告，
不想左建信一个箭步窜出来，二话不说，抻手一个大耳光打在陈永安

---

① 以上故事取材于 1936 年 10 月 3 日《江声报》。

脸上。陈永安一个弱少年，这一记耳光已打得他往后一仰，差点晕倒。左建信还不肯罢休，把陈永安沿途拖拉到大宫口，这才引起了众人围观。

可这一围观，就犯了众怒。大家看洋人无理欺侮小孩，不禁议论纷纷，愤愤不平。当场就有人站出来责问洋人，洋人强词夺理地说："他撕毁广告，我愤怒所以打他，我没有错误。"众人闻言，更加群情激愤。立即有人严厉责问他："即使这小孩撕你的广告是错误，我们有政府，你可以报告我们的政府拘办，绝不能如此蛮横。"洋人见已激起众怒，已心虚气短，态度转缓。不过还勉强声辩道："他小孩，不晓得世事，他撕我的广告，不是错误，我因为愤怒而打他，我也没有错误，两人都没有错误。"洋人话音刚落，就听到一人回答道："你愤怒而打人可算没有错误，那么，如果因为你打人，我愤怒，我要打你，我也没错误了？"洋人见来势越来越坏，只好态度来个180度大转弯，急忙拱手称罪，连连对众人抱歉说："不是，不是，我不是！"后洋人被岗警押往警所。结果呢，警所姑念洋人无知，罚款了事。

卷五

今我来思

富者仁，贫者不贱

2012 年 12 月，在鼓浪屿的海天堂构，因为一句话，打开了我与北大历史系许平教授的交流之窗。"富者仁，贫者不贱，也许可以概括公共租界时期鼓浪屿的社会形态。我想，用现在的话来说，叫和谐社会。"没想到这句脱口而出的话居然让许平教授当场要掏出纸笔。到底是北大的教授，钻研的态度无处不在，让我感佩也让我汗颜。我们因此交换了手机号码。

我不知道我对于鼓浪屿的这一概括是不是一厢情愿的精神"乌托邦"，只知道我并没有预设，也不存在预期。当然建立在文史资料与人物访谈基础上的情景想象是不可避免的。我只是想说，这句话并不是"青菜公公"（随便说说）。

如果我要为这句话下个注脚，那么我要讲起卓仁禧院士和林世岩老师的故事。关于他们的故事，我已在两篇文章中分别详述。2010 年11 月 6 日，这两位昔日英华中学的同班同学与他们的老师，时年近 90高龄的黄猷先生欣喜相见，我虽未在现场目睹这一感人的场面，却在照片中见证了三位年逾 80 的老人的师生重逢。岁月沧桑，世事苍茫，唯有沉淀的喜悦与尊严的表情在镜头中定格。是的，打动人心的，是他们同样尊严的表情。

谁能从照片上分辨出，他们其实一个生于富室，一个出身低微？一个身为院士成就卓著，一个是小学校长平凡一生？卓仁禧的父亲卓全成是厦门著名民族资本家，同英布店的老板，而林世岩是个遗腹子，还在娘胎三个月的时候，父亲远走南洋从此一去不归。卓仁禧出生时卓家早已金山银山，而林世岩只能靠寡母为人帮佣微薄的收入勉强为

卓仁禧院士（左二）及夫人（左一）与黄猷（左三）、林世岩（左四）合影
（图片来源：林世岩）

生。当卓仁禧放学回家与兄弟姐妹唱歌、跳舞、弹琴时，林世岩却要去捡柴挑水以减轻寡母的负担。他们的命运如此不同。唯一的交叉点是，他们上了同一所学校——鼓浪屿著名的英华中学。我问卓仁禧院士："你们家那么有钱，你不会有优越感吗？"他肯定地回答："没有，真的没有！我们只知道要把学习搞好，要积极上进，因为当时大家都这样。"我又问林世岩老师："你们班上有不少像卓院士这样有钱人家的同学，你会感到自卑吗？"林老师说："我当然会自卑，因为我们家真的很穷。但同学们对我都很好，我在学校过得很快乐。"后来卓仁禧上了复旦大学成为高分子化学科学家，而林世岩因为机缘而在鼓浪屿各个小学的讲台上默默耕耘，担任过鼓浪屿所有小学的校长。

差异无处不在，差距如此巨大。只有他们并肩而立，只有他们握手相望，我们才发现，原来他们如此相似。有一种风度由内而外，有一种气质尊而且贵，有一种做派叫"民国范儿"。

我于是有理由胡思乱想，是什么造就了他们，又成全了他们？卓仁禧的父亲卓全成，从来俭于家用，严于家教，而慨于捐赠，热心公益。鼓浪屿与厦门的学校他都慷慨解囊，贫困的近邻他也乐于周济。鼓浪屿的人都叫他"全成伯"，称他的太太陈水莲"全成姆"。在20世纪20年代被视为世界富人最集中、财富最密集的"国际居住区"鼓浪屿，他们并不是特例。而像林世岩这样的穷苦孩子，成才者更是大有人在。林语堂可以算一个显著的例子。当年寻源书院一个班的12个学生，居然全体成才，每个人都在不同领域卓有建树，如园艺学家李来荣、海洋化学家曾呈奎、病毒学家黄祯祥、天文学家戴文赛等。无论是富室俊杰，还是寒门才子，鼓浪屿是他们共同的背景。

富者仁，贫者不贱！我想不只是我的想象，或者愿望！

启蒙与普及——也谈鼓浪屿西式教育

春雷的《林语堂批评鼓浪屿西式教育》一文，曾引起了大家对鼓浪屿西式教育的热议，也引起了我的深思。在拜读了许十方、陈峰所著的《鼓浪屿教育》书稿之后，我对鼓浪屿西式教育有了更多更深的了解。掩卷沉思，不禁有感而发，兼与春雷商榷。

如春雷文中所述，林语堂固然认为他在鼓浪屿寻源书院所受的"中学教育是白费光阴"。但若没有寻源中学的免费教育和免费膳宿，林语堂恐怕是连抱怨的机会都没有的，更不可能用英语向世界介绍《吾国与吾民》。诚然，在平和乡下，林语堂也许可以像鲁迅笔下的闰土，逢年过节，跟伙伴们看上一两回"社戏"，知道梁山伯与祝英台、白蛇娘娘与许仙的故事，受点中国传统文化的熏陶，但中国也顶多多了一个"闰土"，而少了一位世界级文学大师吧。

虽然，鼓浪屿的教会学校，并不像传统私塾那样唯文是重，但"ABCD 与之乎者也同样朗朗上口"。英华中学的校长沈省愚、毓德女子中学校长邵庆元都具有深厚的国学功底。而鼓浪屿虽未出如陈寅恪、王国维、胡适之流的文史哲大师，但从寻源书院、英华中学、毓德女子中学走出去的学子，也不乏时代骄子。除了林语堂，园艺学家李来荣所在的 12 个人的班级，个个成才，如天文学家戴文赛、病毒学家黄祯祥、海洋化学家曾呈奎均出自此班。寻源书院于 1925 年迁往漳州而淡出鼓浪屿教育体系，英华中学后来居上，更是人才济济。剑桥大学教授、考古学家郑德坤，剑桥大学教授、禽病学家朱晓屏，生化博士、神学博士陈慰中教授，中科院院士、化学家张乾二教授，清华

鼓浪屿养元小学 1940 年毕业照（图片来源：白桦）

怀德幼稚园的小朋友和老师（图片来源：吴米纳）

大学教授吴沧甫都是英华中学毕业生中的佼佼者。

其实，我们大可不必纠缠于林语堂对寻源书院的"恩怨"，鼓浪屿是否出了一个林语堂并不重要。我以为鼓浪屿西式教育的价值与意义，不在于出没出多少文史哲人才（先且不论文史哲人才是否就一定高于或优于理工科人才），而在于启蒙与普及。

相对于中国以科举为目的，"学而优则仕"的封建传统教育体系，由西方传教士引进的西式教育，因其倡导平等、自由、博爱的理念，引进民主与科学的概念，崇尚个体的自由发展，无疑是一次西方文明对中国封建传统文明的启蒙运动。鼓浪屿领先时代的女子教育与幼儿教育正是这一运动的有力实践。

自 19 世纪 70 年代美国归正教会打马字牧师夫人开办读经班女子学堂起，鼓浪屿先后开办过多所女子学校。不仅培养出林巧稚、何碧辉、黄墨谷、黄萱等闺阁女杰，更重要的改变了许多穷苦和普通女子的命运。比如陈慰中的母亲，朱昭仪、朱思明的母亲，她们都是在教会女子学校学习罗马字，从而提高了自身的素质和独立生活的能力。

而鼓浪屿幼儿启蒙教育，更是开全国之先河。中国第一所幼稚园是创办于 1898 年的鼓浪屿"怀德幼稚园"。采用当时先进的福禄贝尔和蒙台梭利"尊重幼儿，关注幼儿个体自由成长"的幼儿教育思想和教学法，怀德幼稚园在歌声与游戏中培养孩子们的观察能力，建立"秩序"、"规则"意识。1934 年怀德幼稚园的一份《幼稚生成绩报告表》，标明的科目就有言语、国文、常识、计算、公民、唱歌、游戏、图画、手工，分科达 9 种之多。值得注意的是，国文和公民科目赫然其中，而英文却未忝其列。说明即使是幼儿教育，国文也是不可忽略的。而公民教育，是从幼儿园就开始的。可惜林语堂当时没机会读"怀德幼

鼓浪屿的女学生们（左二为林巧稚）

（图片来源：白桦）

稚园"。

如果启蒙意味着视野的开启、观念的创新，那么普及则意味着受教范围的扩大和机会的均等。林语堂、李来荣、陈慰中，乃至林世岩都是鼓浪屿普及教育的受益者。

启蒙与普及，造就了鼓浪屿一批又一批的昂扬学子。他们内敛低调却积极上进，刻苦严谨却幽默风趣。他们大多有三个显著的特点：一是英文水平高，二是音乐素养好，三是热爱体育。"所以为这种文化所化的一代、两代鼓浪屿人，男士是昂藏、洒脱而敬业、勤谨，女士则是修整、大方而喜乐、恬静，一群群男女青年学生走在街上就是一道道显得超凡脱俗的风景线。这是真情的流露而非对英国绅士、淑女贵族气派的仿真。"（牛何之《鼓浪屿，活着还是死去？》）

我想，如此"超凡脱俗的风景线"，比出多少个文史哲大师重要得多。

"铃儿响叮当"——记怀德幼稚园

　　泉州路与永春路交叉的路口，三一堂斜坡之上左拐，街道办事处大门不远处，一道彩色天桥横架，连接永春路的东西两端，花花绿绿的。如果不是特别注意，走过的人也不会太在意。但每次，我都郑重地提起，对来自各地的客人说，这是建立于1898年的中国第一所幼儿园——怀德幼稚园。也就是说，中国的幼儿教育始于此。5年后，1903年，武昌的"湖北幼稚园"、北京的"京师第一蒙养院"才相继出现。

　　几个教友的几个孩子，4~6岁，由牧师娘韦爱莉召集到鼓新路35号——英国长老会牧师楼，教他们唱歌和游戏，这就是最初的"幼稚园"，当时叫"蒙学堂"。那时，后来的中国妇产科第一专家林巧稚还没出生。但只需几年后，林巧稚便成为蒙学堂中的一员。在老师的风琴伴奏下，她和小朋友们一起唱道："早上起来铺床铺，洗脸洗手穿衫裤。"词是洋人老师用闽南语编的，曲却是欧美古典名曲。合着拍子，做着动作，小朋友们在蒙学堂里玩得非常开心。1909年，蒙学堂迁安海路4号，8岁的林巧稚该是读小学了。1911年，英国长老会筹到资金，在永春路现址建起园舍，正式命名为怀德幼稚园。

　　显然，充满孩子们的歌声和笑声的幼稚园是有吸引力的。越来越多的鼓浪屿家庭，殷实的，甚至贫穷的，都将孩子送过来。1913年，5岁的李来荣跟着母亲从南安县石井溪东村来到鼓浪屿。很快，母亲在毓德女子小学找了份工作，李来荣因此免费上了怀德幼稚园。"若要去厦门，抑是去更远，定着着用打船仔，若无不会到。"蹩脚的闽南话和着《铃儿响叮当》的曲，是洋人老师们的"杰作"。小李来荣们却连比带舞，唱得很高兴。歌声和游戏很快收住了"乡下孩子"李来荣的心。多年之后，已经成为国际著名园艺学家的李来荣，在鼓浪屿

早期幼稚园的小朋友（图片来源：《竹树脚下》）

怀德幼稚园的小朋友（图片来源：白桦）

"怀德幼稚园" 1931 年春毕业生（图片来源：白桦）

1935 年秋怀德幼稚师范附设幼稚园毕业生留影纪念（图片来源：白桦）

的家中,跟小女儿文芳讲起幼时的故事,还带着一脸孩子似的天真的笑。

　　于前年逝世的朱昭仪老师,4 岁上怀德幼稚园,一上就是 4 年,是正港怀德幼稚园的学生。幼稚园一毕业,朱昭仪就直接上了毓德女子小学三年级。"因为我在幼稚园时非常喜欢唱歌,母亲就让我坐在房子窄窄的走廊上。……母亲给我一杯开水,说你喜欢唱,就唱个够。我就把在学校学的歌,在家里放声唱。"在朱昭仪老师的家里,她讲起童年故事,脸颊还会泛起红晕,两眼闪着童年的光。但是会唱歌的朱昭仪却不擅长做手工。"在幼儿园还有手工课,有折纸、折船、青蛙、雨伞,等等。还有用干稻草编织小袋子……""我从小最弱的就是手工。我很会唱歌,但是手工就是不太会。"这或许是朱昭仪老师的一点小小的遗憾。这位后来通过毓德女子中学学生竞选,成为"毓德市"的"市长";因为高考成绩优异,一入厦门大学就破格获得,并且连续四年获得"嘉庚奖学金"的女才子,退休时是厦门二中的历史老师。而在她之后一年入学的谢希德,也只是在入学一年后连续三年拿"嘉庚奖学金",谢希德后来成为复旦大学校长。这似乎构成一种反差,但朱昭仪却全不在意。是岁月无痕,还是生命永恒?

　　无论是李来荣,还是朱昭仪,他们都非生于富室。但是,他们在怀德幼稚园里度过了快乐的童年时光。更多的孩子,当然都家境殷实。"他们有钱人坐轿子回家,我就跟在轿子后面走回家。"像朱昭仪这样的教员家庭的孩子,似乎也并不怎么羡慕坐轿子回家的孩子。当然,因为鼓浪屿当时富人多,怀德幼稚园的生源自然是富家子女居多。"社会上层白领的子女居多,穿着漂亮,有些小孩上下学还有佣人伴送。"这大概是当时鼓浪屿街上一景了吧。许十方在《鼓浪屿教育》一书中说:"在园生数长期保持在 300 人上下。1916 年在园幼儿甚至近 400 人,创该年全国之冠。"可见怀德幼稚园当时的盛况。

英语、音乐和足球——昔时鼓浪屿教育"三宝"

20 世纪 90 年代中期的一天，一个政府官员陪几个老外参观鼓浪屿三一堂。老外突然问起这座教堂所属教派问题。这可难住了这位刚毕业于北京某著名学府的官员。这不能怪他，在学校他可没上过宗教课。正穷于应付间，不想在一旁挥帚扫地的老妇突然停下来，用纯正流利的英语清楚地解答了这个问题，手里还挂着扫帚。

其实，讲一口纯正流利英语的三一堂扫地的老妇，在鼓浪屿并非"奇人"。年近 90 的老鼓浪屿居民林世岩在接受美国宣明会专访时，全程用的是地道的美式英语。生于 1919 年的朱昭仪老师，与小她 5 岁的弟弟朱思明教授，英语应用自如，一如母语。这样的例子比比皆是。英语，在这座小岛，曾是与闽南语并用的语言。直接的原因当然是鼓浪屿曾经"沦为"所谓万国租界的身份。十三国领事馆的存在与各国传教士的活跃，构成的是一种语言环境。但若不是教会与学校的刻意培养和推广，那么，英语对于绝大多数人来说，终不过是雾里看花的隔膜与生疏。

鼓浪屿早期的英语教育可谓别开生面，自成一体。已故国际园艺学家李来荣在他生前的口述回忆中说，他读的养元小学二三年级就开始学英语。一两年后，就由外国人直接教授。他的第一个英语老师是美国人 Mr. Day。因为老师才学会几句厦门话，小学生李来荣只好与老师比手画脚、搜肠刮肚，顾不了语法与句式，但就在这连猜带蒙中不仅锻炼了口语和发音，彼此还互相学习，学生英语提高了，老师的厦门话也进步了。当然，仅此，远远不足以学到纯正规范的英语。各

早期英华中学英文版面数学、物理、英文教科书

（图片来源：白桦）

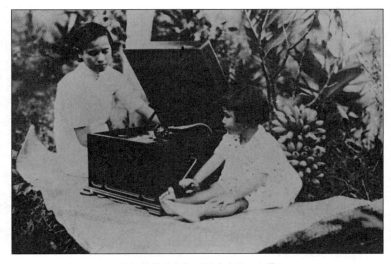

留声机前的母女俩（图片来源：白桦）

种美文、诗歌、民歌、抒情诗、名著片断的强化背诵，各种词汇、语法、谚语、顺口溜的灵活运用，这样过硬的童子功则让李来荣终身受益。为他以后留学美国获"金钥匙奖"，享誉新西兰奠定了坚实的基础。朱思明在他的文章《胜安得先生教英语》中说，他在英华中学读书的六年中，开设的英语课程就有英语Ⅰ、英语Ⅱ、英语语法、英语朗读、英语作文、英语翻译和英语演讲等，可谓科目繁多，花样百出。像"Basic English"这样的阅读课，上课时学生人手一册由 850 字英语单词和简单语法构成的故事书，只限课堂阅读，学生之间可以互相交流，老师不布置作业，也不安排测验。这样没压力的学习，学生学起来轻松愉快，学习效果自然事半功倍。

　　与英语教育相得益彰的，是鼓浪屿得天独厚的音乐环境。既然要把上帝的福音传遍世界，美妙的琴声就随之漂洋过海。最早，从鼓浪屿教堂传出的琴声，是风琴，而不是钢琴。后来，钢琴的清脆嘹亮取代了风琴的低沉喑哑。富且贵，二者缺一不可，高贵的钢琴才肯落脚于这个弹丸小岛。最盛时，鼓浪屿拥有 500 架钢琴。福音堂和三一堂，美丽的和声飘荡；庭院深处，百叶窗下，悠扬的琴声如浪。只要有一颗敏感的心和一双聪慧的耳，音乐就无处不在，无论是生于富室还是家境贫寒。

　　2015 年年底刚逝世的方友义，他的童年与青少年都在鼓浪屿度过。一踏进他的家门，一架硕大的钢琴赫然醒目，占据了客厅的一半空间，使本来就不宽敞的客厅更觉逼仄。"我们家经济条件不好，没有钱买钢琴。但我却从左邻右舍的钢琴声中培养了终生的音乐兴趣。我家的左邻是富商陈永照先生，他的儿女每天都弹钢琴，我就静静地听。像《少女的祈祷》等名曲我都听得烂熟于心。我们家右邻有几个音乐青年组织了一个小乐队，晚上经常在一起演奏。那时（20世纪40年代）流行夏威夷吉他、曼陀铃等乐器。"方老曾对我们说。到老来，方老还是忍不住买了架钢琴，与夫人边学边弹，自娱自乐。方老的初中同学林世岩，家里现在也有一架钢琴。林世岩有一副好嗓子，有时在家搞个小小的音乐"party"，与老朋友老同学一起唱唱他们的经典老歌。朱昭仪和朱思明姐弟俩就更不用说了，他们的音乐造诣深且厚。据朱昭仪说，弟弟朱思明天生有音乐细胞，小时候在家用唱歌代替说话。他们的父亲朱鸿谟是毓德女中的老师和三一堂的执事、长老，更是著名的三一堂歌颂团的创建者，但朱家还是买不起一架钢琴。幸运的是，朱思明的音乐天赋被闵加力牧师夫人发现，从而得到了严格而专业的训练。朱思明以后并没报告音乐专业，而是选择了化工专业，成为上海华东理工大学的教授。

"优越的音乐天赋，丰饶的音乐土壤，培养的不仅是一种爱好，一种技能，更是一种生活方式的提升，一种自我心灵的依托。这或许是许多像朱思明先生一样颇有音乐天赋而又音乐造诣颇深的早期鼓浪屿人，为什么最终没有选择音乐作为终生职业的原因吧。"我在一篇文章中这样理解鼓浪屿的音乐本质。

如果说英语和音乐，让鼓浪屿教育活色生香，那么体育的启蒙与弘扬，则让鼓浪屿教育增彩添光。鼓浪屿早期的两所教会学校，创于1881年的寻源书院与创于1898年的英华书院，对体育都非常重视。寻源书院早在1896年就开设体育课。1920年，参加福建省运动会获得团体第一名。相对于寻源书院，英华书院是后起之秀。福建省最早的足球运动据说始于英华。因为英华创办者、首任主理金禧甫及后任洪显理对体育运动的热爱与重视，英华不仅组建了足球队，而且培养足球

1945 年朱晓屏赴英船上

（图片来源：洪卜仁）

郑德坤燕京大学毕业照

（图片来源：王明理）

1934 年英华足球队锦标队（图片来源：白桦）

运动员。"虎、豹、狮、象"四个队每周三和周六下午集训。足球，在金禧甫、洪显理的大力推进下，成为英华书院（后英华中学，再后厦门二中）引以为傲的传统。这些"鞋子飞得比球还高"的中国孩子，从此驰骋于绿茵场，身手不凡。20 世纪 40 年代，英华足球队远征台湾省和东南亚，屡战屡胜，蜚声海内外。

从英华走出的学子，个个身强体健，精力充沛，充满活力。经常，在鼓浪屿的街头，见林世岩穿黑色或白色高筒袜、长袖或短袖 T 恤衫，一身英华足球范儿。两年前，在英国剑桥去世的年逾 90 的朱晓屏，曾经也是飞奔于英华中学足球场上的健将。我见过一张 20 世纪 40 年代他赴英伦在邮轮上拍的照片，背心短裤，挺拔健美，显尽男儿本色。英华书院的创建者之一、首任华人校长郑柏年之子郑德坤，是中国最早的考古学家。他是当时"英华学生足球队"的主力，后来上了燕京大学，成为华北足球队的中坚，曾经与拥有"中国球王"之称的李惠堂的华东足球队进行过比赛。郑德坤还是花式溜冰、猴拳、跳绳的健儿。在燕大的溜冰场上，郑德坤的花式溜冰可谓开先河者，与当时的 Sonia Henie "两雄并立"。郑德坤后来一直工作到 80 来岁，两次"退而不休"，与他早年在英华书院养成的热爱运动的习惯密不可分。可惜寻源书院 1925 年迁到漳州去了，不然当与英华一争雌雄。幸好有毓德女中，20 世纪 30 年代毓德女中开过几次校运会，一时盛况空前。

俱往也，鼓浪屿的昔日风华不再！当年那些浸染其中，沐浴风华的骄子如今已垂垂老矣。一个后来者，立于原地，张望与注视，却只能喟然长叹！

春卷的滋味

于灯光亮起的夜晚，穿过人流熙攘的小巷，从康泰路步行到复兴路，远远已闻到缭绕的香，弥漫了窄窄的弄道，晕染了橘黄的灯光。这是某个周六的夜晚。

再一次品尝到林世岩校长亲手做的春卷，是沾了从美国远道而归的陈赞庆老人的光。这两位昔日英华中学的同学，而今已是年近 90 的耄耋老人了。林世岩 3 岁随母亲来鼓，在鼓一居 80 多年，做过鼓浪屿所有小学的校长。我说他是鼓浪屿的一棵树。陈赞庆老人旧居厦门竹树脚，抗战时搬到鼓浪屿就读英华中学，以后辗转漂泊，退休于美国一所大学。这次回厦，虽是行色匆匆，也是故土难离，游子回乡。

还在半途中，就接到林老师的电话："赞庆和家欣 5 点就来了，你快来吧。"我殷殷应着，向林老师家飞奔而去。一边自责于姗姗来迟，一边欣喜于林老师的直称其名。一句"赞庆和家欣"，是一种亲切，也是一种接纳。仿佛我也是他们同学中的一员，没有时间的遥远，也没有空间的距离。那么亲近，那么自然。我贪恋于这种温情，一如儿时稻田深处外婆家昏黄的灯光。

他们三个，正坐在林老师家二楼的客厅里。林老师手举一本小册子，兴致勃勃，念念有词。赞庆紧邻而坐，侧身微笑，与林老师一同看林老师手上的小册子。家欣在旁边手持录像机，专心做摄像师。我喘息未匀，被林老师毫不客气地招呼坐在他身边，一起读小册子。我便随林老师"a、o、u"地读起来。原来，林老师手中的小册子非同寻常，是白家欣从他母亲手上抢救过来的"罗马字"读本。"我妈妈手上的

林世岩与老朋友陈赞庆在家中即兴弹琴

（图片来源：詹朝霞）

林世岩与老朋友陈赞庆（美籍华人、钢琴家）、白家欣（国家一级建筑师、画家）
在家中（图片来源：詹朝霞）

那本早已残破不堪，这本是我一点一点拼贴起来重新复印的。"白家欣是他们三个中最年轻的一个，但也是快 80 的人了。他是国家一级建筑师，多才多艺，绘画书法都拿得起。林老师堂中的条幅就是他的手笔。当然，作为老鼓浪屿人，他们不是同学，就是校友。

"罗马字"是东西方文化交流碰撞的产物。19 世纪 40 年代，由西方传教士发明，本意是为了方便传教，却客观上开启了民智。尤其是对于早期不识字的妇女而言，"罗马字"不仅把她们带领到耶稣主的面前，更重要的是让她们从此开启视野，走出蒙昧。如今懂"罗马字"的人少之又少，像林老师这样"形、音、意"都懂的人，恐怕所剩无几了。无怪乎"鼓浪屿申遗办"求贤若渴，请林老师出山，开讲"罗马字"。没想到这天在林老师家得以一睹一读耳闻已久的"罗马字"，真是口福以外的意外收获。令人欣慰的是，林世岩校长于年届 90 高龄编著的《厦门话白话字简明教程》，近日已由鼓浪屿申遗办出版。这对于鼓浪屿申遗无疑是一重大贡献。

这样"用功"了好一会儿，林师母在楼下叫开饭。我们便"收工"、洗手、下楼，准备好好美餐一顿。

黑的海苔、绿的香菜、红的厦门甜辣酱、黄的白水营花生贡糖，捏成碎末，在圆的柔韧的薄饼上，一道道铺叙开来，青黄丹墨，似中国的山水写意。不急，这只是配料。真正的"好料"还在后面，海蛎、虾仁、豆腐、肉丝、包菜、胡萝卜丁等共计 10 种，林老师花了 3 天时间才配齐。大家坐定，摆好架势，话不多说，只顾动手包春卷。有了上次的经验，这次我动起手来就老练多了。秘诀是填料千万不能贪多，不然就得"露馅"。林师母拿出自家酿的荔枝酒。我们自端了小杯，不敬不劝，自斟自饮起来。"鼓屿遇故人，佳酿与春卷"，不知不觉，居然 5 个春卷下肚，又喝汤，吃鸡肉。真不知哪来的这么好的胃口。汤是海带排骨汤，瓦罐煨的。八市买的烤鸡，味道不错。

酒足饭饱，林老师兴致不减，要赞庆弹一曲。赞庆的钢琴从鼓浪屿弹到美国，又从俄罗斯弹回鼓浪屿，已成了他生命本身。一曲《送别》响起，不是为了送别明日将行的赞庆，而是对再次相见的期盼。

公平路拐角处

鼓浪屿腹地深处，鸡山路以下，陈士京墓碑再往下，拐了又拐，进入公平路，以前的宝顺巷。墙浅路窄，斜的坡，无论上走还是下行，都得放慢了脚步。一人独行，或者三五成群，总能感到安静。安静到，前无过客，后无来者。因为这样，公平路拐角处，成了我最经常过与往的地方。

早两年，拐角处这幢别墅里住着青桃。隔了墙，仿佛下落式的小院里，草木相生，断石朽木，一排平房里住着贺老师和他美丽的法国太太黛粼。那时，每过此处，必引颈张望，或透过锈迹斑斑的铁门上可以掀开的洞，看贺老师在不在院子里。或隔墙喊，"贺老师在吗？"

通常，贺老师是在的。他美丽的太太必定也在。他几个学生也经常在。周六下午是文化沙龙，周日晚上则是法语角。来宾五花八门，有法国大使、大学教授、外国留学生、左邻右舍、顽童小儿，等等。贺老师常引吭高歌，不时在鼓浪屿音乐厅举办个人独唱会，很纯正的男低音。音乐会传单自己复印自己散发，或者用电邮广告诸友，而和者不寡。

这个鼓浪屿腹地深处的小院，以前堆满了一个拾荒老人捡来的可乐瓶、塑料袋以及各种各样的垃圾。那时贺老师与黛粼从法国到厦门，一心想住在鼓浪屿。是黛粼发现了这个小院，连着这几间小平房，租下来。清除垃圾、打扫房间、清洗地板，搬来从各处拾来的废旧家具，黛粼和贺老师花了将近一个月的时间将小院变成自己在鼓浪屿的栖居地，变成自己的家园。

287

这还不够。他们想要一个"Made in Kulangsu"的宝宝，兴冲冲地提早跟鼓浪屿第一医院门诊部打了招呼，告知预产期。鼓浪屿门诊部很高兴能迎接这个混血儿的降生。可惜这位小"Princess"太迫不及待，搞得门诊部措手不及，最后还是没能贴上"Made in Kulangsu"的标签。这事儿让贺老师和黛䗩痛心疾首了好久。

贺老师夫妇是青桃的新邻居。青桃居高处的别墅好多年了。再高处，有青桃的画室，是昔日鼓浪屿名门卓家的房子。石头垒砌，未经雕琢，枝藤漫涣，居高临下，乃青桃画室阁楼上小小的院子。友者两三人，摆下桌椅，不挤不阔，自成一隅。每天，早晨或午后，青桃出居处，往上走几步，绕过陈士京墓，打开卓家平时紧闭的铁皮后门，穿过荒草丛生的院子，来到她的画室。大幅的青年冰心的漆画几乎占据了整个画室。细碎的各种各样的蛋壳，素描手稿，台灯，可以望见殷家的小窗，随风飘起的素淡的窗帘，低眉弄画的青桃——暮色中公平路的拐角。

迷失　黄昏　莲石山房

回家的路，有很多条，我却只走一条。太阳还未落下的时候，天空依然明亮。海风吹拂，海水蔚蓝，夏日黄昏诱拐了回家的脚步，不再走寻常回家的路。

一条小巷，每日走过，却从不探访。那么，走进去，又何妨？

短短的路，窄窄的巷，缓坡之上，墨瓦乌墙，有着古希腊的质朴，地中海的静默。禁不住，步履其中，仿佛触摸，仿佛冥想，仿佛似曾相识的山房。

每一个方向，都不漫长。浅浅窄窄的小巷，镜头里总没有人张望。让我遇见一个人，让我问一问黄望青先生的"莲石山房"。一个拎着菜篮的妇女，一个挥手告别的男士，一个华发摇曳的阿嬷，我的问题无从问起。似乎所有的房门都紧锁，几乎全部的门窗都关闭。却有电视隐约其声，仿佛来自深山谷底。红砖墙上，蓝色的门牌，分明写着：乌埭路 X 号。

中华路的一个分叉，窄窄的路口进去，乌埭路如章鱼的须，四面八方地铺展开来，构成路的形状。并不都是红砖欧式别墅，更多的是院浅门窄的民居、屋小楼低的住宅，一望而知不是当年有钱人住的地方。可是，这里有个叫"莲石山房"的院子，从这里走出了一个叫黄望青的人。

黄望青的祖上虽中过举人，为鼓浪屿"鱼池仔内"望族，但到了黄望青辈，家族已衰落。1935 年，黄望青 22 岁，只身赴缅甸，从此开始传奇一生。1957 年，黄望青以半个铺面、三张写字桌创建"集诚有限公司"。1965 年，被选为"星洲船务公会"主席。1973 年，出任新

门里小巷（图片来源：詹朝霞）

加坡驻日大使，获新加坡总统颁发的"高级勋绩奖章"。1981 年，受李光耀总理之邀出任新加坡广播局主席。1984 年 2 月退休后，多次回国访问讲学。

我不知道，多年以后，黄望青回到鼓浪屿，踏访"莲石山房"的心情，几分欣慰，又几分惆怅？而今，一个明亮的黄昏，一双回家的脚步，却在这里，迷失，寻不见一个庭院，叫"莲石山房"。

告别与转变——鼓浪屿中德记背影

那日，信步走进"中德记"。灰蒙蒙的天空下，南、北、中三座一字排开的青灰色楼宇，更显古典庄重、优雅大气。因为中楼正在维修，一万多平方米的阔大庭院，堆积着各种建筑材料，和临时拼接的工地木门，因而显得并不那么宽阔。院中的方形石桌，看得出是从前的东西。欧洲庭院风格的圆形水池，斑驳陆离。

"中德记"，一个颇具民国色彩的名字，在鼓浪屿人口中是"黄家花园"。1919 年 4 月，黄奕住归国，定居鼓浪屿。此前一个月，黄奕住已派人从林尔嘉手中购得"中德记"。其时"中德记"不过是一座二层半红砖楼，主人是英资德记洋行"二写"，后林尔嘉购得此楼。以后黄奕住陆续购进周边地产建南北二楼。1921 年，黄奕住及家眷迁居南北二楼，拆旧"中德记"，建豪华气派之中楼。至此始有南、北、中三楼的宏大规模。

这座号称"中国第一别墅"的"黄家花园"，正在经历着再一次的身份转变。90 多年来，"中德记"经历了多次的身份转变。由私而公，由公而私，由鼓浪屿曾经首富的私宅，变成政府首要下榻的"鼓浪屿宾馆"，据说现在又复归黄家的后代。只是这一次，家园不再。"中德记"面向市场与公众，成为一种商品、一种消费，而它的商标恰恰是以前尊贵的出生。

踏阶而上，脚下大理石台阶不复昔日光滑细润，透出岁月履痕。高阔的落地楠木门窗，如身穿一袭黑色大衣的修长女人，深邃幽远。彩色玻璃镶嵌其间，是女人的眼，神秘而深情。老家具散置于大厅各处，

中楼廊柱（图片来源：詹朝霞）

北楼侧影（图片来源：詹朝霞）

落魄却不寒酸，如落难的公主。

当年黄奕住筑此楼，不惜重金，但求精美。抛光的意大利大理石、精细进口的楠木、青铜镂花的壁炉、特制的铁件护栏、精美的水泥柱雕，从内而外，由表及里，无不精挑细选，精工细作，精雕细刻。一向衣食俭朴的黄奕住如此大兴土木，高调张扬，远不是为了衣锦还乡，荣归故里。黄奕住争的是一口气！在这座所谓"万国租界"的小岛上吐郁结之气，长国人威风。毕竟，切肤的家国之痛是难以磨灭的。

黄奕住即怀着此念筑"中德记"，"中德记"注定不同凡响。岛上洋人的楼房跟"中德记"没得一比，推而广之，北京、上海，似乎也难寻出其右者。"中国第一别墅"的美誉流传于民间，也并不是空穴来风。黄奕住为母亲萧氏做 74 岁大寿，是"中德记"迎来的第一场盛事。1919 年农历六月十二日，厦鼓官绅商学各路名流云集"中德记"。500 人觥筹交错，两台戏同时开唱，"颇具一时之盛"，更让人津津乐道的是"中德记"楼前盛满银圆的大木桶。银圆染了红色，愿取者可取一枚。若有人再想取，手指已染红色，便不好厚着脸皮再取。黄奕住用这个办法让更多的人得到一枚银圆。一时"中德记"楼前人山人海，盛况空前。

这样的品位与声势，注定了"中德记"的尊贵与传奇。蒋介石凭栏望海之处而今已锈迹斑斑，汪精卫踏足的大理石楼梯依然光洁，邓小平走过的拼花地砖一如从前，尼克松触摸过的楠木几案而今安在？

我踩着铺着厚厚棉垫的大理石台阶，登上二楼。只有上了二楼，才知道中楼的绝妙好处。东西两个阔大的露台，视野极为开阔。东面露台直面四季绿草如茵的"番仔球埔"，西面半圆形露台直接根深叶茂的大榕树，浓荫掩隐，如一幅镶框的水彩画。三楼平台同样阔大，日光岩近在眼前。

　　整幢楼很静，几乎没有人。我漫行于其间，抬头，转身，每一次凝视，每一个视角，都是一幅无法复制的构图，歪斜的百叶窗、彩色的水洗石地板、菱形的拼花地砖、锈迹斑斑的下水道管，在我的蹩脚卡片机中定格成昔日之光。透过绿藤垂挂的"番仔球埔"，望见"中德记"的沧桑容颜、龙钟老态。在鼓浪屿新一轮的酒店狂潮中，"中德记"正在变成据称是岛上最豪华的私邸酒店。南楼已成，北楼将成，正在维修的中楼，势在必成？

　　突然间，我觉得这是一种告别的仪式。在"中德记"转变的姿态中，留下它最后的背影。心中不知是喜，还是悲？

卷 尾

一个人与一座小岛

很长很长的时间里，我不知道什么是故乡，我的故乡在哪里。

如果有人问我："你是哪里人？"我会哑然无言，或者冲口而出，我的家乡在西藏。

日喀则的天空可以作证，我绝没有胡说。在扎什伦布寺的金顶下，有我童年和少年的痴心和妄想。但我怎么也想不到，世界上有一个叫鼓浪屿的地方。

是的，我自西藏来，我来自日喀则。从世界屋脊，抵达海平面，从青藏高原到这座小岛，我用了此生的一半时间。而另一半时间，我仍准备用来与这座小岛，黄花半亩周旋。

三月清晨，自鸟鸣中醒来，风吹过枝头，鸟飞过枝头，但见红砖丹瓦，碧海蓝天。

19 世纪 80 年代鼓浪屿全景（图片来源：康奈尔大学图书馆）

四月黄昏，自海对面归来，风吹过船头，浪涌过船头，但见琼楼玉宇灯火阑珊。

无数个清晨与黄昏所连绵的昼夜，就这样穿越于曲折小巷，探望于幽深庭院。偶尔，有琴声如诉，从小巷深处传来，从时间深处传来。拐弯处，三角梅从残破的院墙上探出枝头，在风中摇曳。荒草早已埋没了台阶，古榕幽长掩盖了林文庆别墅的落寞与荒凉。鸡山路上的石头房子在夕阳下静穆而辉煌。

有多少人可以怀想，有多少事颇费思量。他们渐渐复活，在我日日行走中的晨昏朝暮荒园旧墙，在我指尖翻阅的陈年故纸泛黄照片。日光岩上弘一法师执伞远去的背影；东山顶上林语堂兄弟求学的学堂；岩石上某个少年眺望父亲归来的方向；70年前康泰埃冲刷过台籍青年陈传达尸体的海浪；永春路上中国第一所幼儿园怀德幼稚园的"铃儿响叮当"；英华书院同字楼传出的书声朗朗；毓德女中"Auld Lang Syne"的歌声一遍又一遍地回响……

许多洋人，不远万里，来到这个小小的岛屿。为了让上帝的福音传遍这里，开山凿石，大兴土木，建教堂、建学校、建医院。郁约翰坚毅的表情、慈爱的目光，打马字牧师研读闽南白话字午夜的烛光；安理纯牧师夫妇带领美华师生修建的安献堂至今巍然屹立于蓝天之下，鸡山路上，海之中央……

他们的背影渐行渐远，渐成回响。却在一转角、一回望之间，如遇故人，如归故乡。

即便是被十九路军枪决的陈国辉，也是一段呼啸的传奇。

他的故居至今犹在，只是当年奢华息园如今已种相思树。安海路38号洋楼已朽，庭院荒芜。如今虽成"那宅"，却少有人知道它曾经的主人曾上苑那次死里逃生的惊险。每一幢楼宇皆由来有自，每一处庭院都故事深藏。只不过，走过、路过、张望过，却不知深浅，不解其意。

每当美国军舰靠岸，作为公共地界的鼓浪屿便成了水兵们最佳的去处。于是生出许多事端，闹出许多笑话，为当时的鼓浪屿平添色彩斑驳。

俱往矣！那些人，那些事，皆细小琐碎不成文章。唯时光辽阔，岁月悠长，与此小岛，今日时光。

是一种怎样的缘分，一个人与一座小岛，才可以这样相守相望不离不弃？

是一种怎样的幸运，一个人与一座小岛，才可以如此相融相生不醉不归？

为此，要感谢天风海涛，要感谢春花秋月，要感谢每一个朝朝暮暮。

为此，要感谢同文顶上我的单位，社科大楼上，朝西，鹭水泱泱，鼓浪屿荡漾在海中央。

为此，要感谢每一位领导与同事，与他们一起工作，愉快的时光。

为此，要感谢厦门大学出版社，给我鼓励、信任和机会。

感谢鼓浪屿申遗总顾问、福建省文物局前局长郑国珍先生鼓励支持并推荐！感谢著名学者、同济大学朱大可教授鼎力推荐！感谢著名学者、厦门大学人文学院谢泳教授推荐并作序！感谢著名书法家王元先生亲题书名！感谢厦门大学人文学院王日根教授给予本书以指导和建议！

感谢厦门市政协前主席蔡望怀先生的亲自指导和赐予宝贵资料！感谢厦门地方文史界前辈的栽培与爱护！

特别感谢鼓浪屿风景名胜区管委会和鼓浪屿申遗办的鼎力支持！

感谢我的家人和朋友，理解、鼓励与支持，在我每一次失望、每一次沮丧。

所有的感谢，都不及，我笑颜如花，明眸清澈，与这世间的美意！

鼓浪屿人文秘境图

1. 寻源书院 ……………… 打马字牧师纪念堂
2. 救世医院 ……………… 郁约翰建于1898年
3. 安献堂 ………………… 安理纯牧师夫妇的奉献
4. 英华书院 ……………… 洪显理的足球试验场
5. 寻源书院 ……………… 毕腓力主理最后的栖居地
6. 工部局 ………………… 局长巴士凯的"地盘"
7. 宫保第 ………………… 革命者林祖密的故居
8. 菽庄花园 ……………… 林尔嘉的菽庄吟社
9. 安海路8号 …………… 乡绅黄廷元故园
10. 笔山路5号 …………… 厦大校长林文庆故居
11. 英华书院 …… 华人校长沈省愚的"全人教育"
12. 笔山路7号 …………… 郑柏年故居
13. 英华书院 …… 华人校长沈省愚的"全人教育"
14. 毓德女子学校 … 华人校长邵庆元的"毓德市"
15. 内厝澳1—5号 …… 蔡丕杰教授的家园小楼
16. 鼓新路13号 ………… 君子黄省堂的"大厝"
17. 日光岩寺 ……………… 弘一法师的背影
18. 鼓声路8号 ··青年音乐家陈传达父亲陈金芳的别墅
19. 番婆楼与钻石楼 ……… 闽商许经权的宅第

20、21、22. 英华书院 ……… 邵建寅、朱思明、林世岩共同的母校
23. 晃岩路35号 …………… 少女周淑安成长之宅
24. 漳州路转角 …………… 老年黄萱诗意栖居地
25. 漳州路44号 …… 林语堂故居（廖家别墅）
26. 中华路24号 …………… 名医叶友益的住宅与诊所
27. 番仔球球埔 …… 1908年美国大白舰队访厦非正式招待会举办点
28. 鸡山路1号 … 中法世纪恋男主袁迪宝一家曾经的居住地
29. 春草堂 …… 婢女救拔团创办人许春草的故居
30. 安海路38号 …………… 曾上苑别墅
31. 福建路37号 …………… 陈国辉息园之所在
32. 泉州路与永春路交叉口 …… 中国最早幼儿园怀德幼稚园原址
33. 乌埭路 …………… 黄望青故居莲石山房
34. 晃岩路31号 …………… 中德记（黄家花园）